はじめに

P&Gはトレードマーケティングがすごい

「P&Gはマーケティングが強い」。こういうイメージを持っている方は多いと思います。私自身かつてP&Gに在籍し、複数のブランドチームで働いてきましたが、それは間違いなく事実です。多くの方がマーケティングと聞いてイメージする、ブランド開発や広告宣伝などは、消費者向けの「ブランドマーケティング」と定義されるのですが、P&Gは体系化されたフレームワークやコンセプトの下、論理的かつ感情的に、このブランドマーケティングを司り、優れたブランドを構築していました。

でも、P&Gが消費者から支持され続ける理由は、それだけではありません。**実は、「トレードマーケティング」がすごいのです。それが店頭で売れ続ける秘訣なのです。**

いまやP&Gの商品は、店頭で見ない日がないくらい、様々なブランドや商品が際立って店内に展開されています。この優れた店頭展開は「お金」の力で獲得しているのではありません。実は、トレードマーケティングの力によって、獲得できているのです。

初めて耳にした方も多いかと思いますが、トレードマーケティングは、ブランドマーケティングとは異なり「バイヤーやショッパー［＊1］」を対象にしたマーケティングです。彼ら、彼女らを深く理解し、そしてその理解に基づき戦略やアイデアを構築することで、各ブランドの店頭展開の強化を図るものであり、それが機能することで、配荷や、際立った店頭展開を獲得し続けられるのです。

小さなブランドこそ活用してほしい

トレードマーケティングは、それこそP＆Gのように有名な、もしくはシェアの大きなブランドにしか適用できないのではないか、という懸念を持たれる方もいるかもしれませんが、そうではありません。むしろ、**まだまだ認知度も高くなく、シェアも小さいブランドこそ、小売店舗でお客様に自社商品を手に取ってもらうことのできる環境をつくるためにも、活用すべきものなのです。**

私自身、現在トレードマーケティングのコンサルティング会社を経営し、これまで多くのブランドのオフラインビジネス［＊2］を支援してきましたが、それまでオフライン店舗で取り扱いがまったくなかった複数のD to Cブランド［＊3］において、トレードマーケティングを実践した結果、配荷やアウト展開［＊4］を獲得できたという例も多く見てきました。

ほかにも、メーカーにいたころ、「日本の消費習慣からしても本当に売れるの？」と首をかしげるような商品の世界同時発売を目指すことになり、日本市場でのマーケティングに関わったことがあります。トレードマーケティングの実践により、結果的に1・5万店舗近く配荷を獲得できましたが、案の定売れ行きが悪く、結局1年余りで撤退したこともありました。これが皮肉にも「そんな商品でも配荷を獲得できたのか」と後になってまざまざとトレードマーケティングの威力を見せつけられた経験となりました。

そしてこの実践は、日用品チャネルだけでなく、アパレル業界や、スポーツ用品・バイク用品などの専門店チャネルにも適用できます。商品の取り扱いを意思決定する「小売企業」によってビジネスが成り立つ業界すべてにおいて、有用なマーケティングなのです。

バイヤーのインサイトがすべての起点

トレードマーケティング実践のカギは、「バイヤーのインサイト」です。大きなブランド・小さなブランド・無名なブランドなど、どんなブランドであっても、必ずそのカテゴリーにおける「強み」を持っています。バイヤーインサイトに基づき強みを引き出し、その強みをバイヤーの悩みの解決につなげることで、いかなるブランドであっても店頭を強化できるのです。それがトレードマーケティングです。誤解してほしくないのですが、これは、バイヤーに無理やり価値のない商品を買わせる手法ではありません。**自社ブランドの持つ強みを発揮することで彼らの課題を解決し、カテゴ**

リー成長を実現する、そんなWin-Winの仕組み構築なのです。

価値ある良い商品で、市場拡大にも貢献するのに、トレードマーケティングを実践しないから伝わらないし売ってもらえない、これまでそんなブランドをお手伝いしてきました。メーカー・小売・ショッパー三方良しの良い商品が、消費者に届かない、これでは全員が不幸です。どんなブランドにも活躍の場はあります。ただその場が見えない、もしくは踊り方を知らないだけなのです。だからこそ読者の皆様に、自社ブランドにスポットライトを当てる方法を知っていただきたいと思っています。

ただ残念なことに、こんなにも価値のあるトレードマーケティングにもかかわらず、日本ではまったく体系化・言語化されていません。例えば、アマゾンで「トレードマーケティング」の本を検索しても、1冊も出てきません（執筆時点）。その原因は、トレードマーケティングをこれまで営業活動の延長線上で捉えており、「経験則重視」のプランニングを許容してきたため、「トレード」におけるマーケティング実践という概念を正しく持てていなかったためだと捉えています。

そこで、私の11年にわたるトレードマーケティングの経験と知見を言語化するため執筆をしました。

成功パターンの焼き増しでは通用しない

現在マーケット環境が大きく変化してきており、店頭でのブランド間の競争も激化しているため、店頭でショッパーに商品を届ける難易度が上がっています。加えて、消費者・ショッパーも変化しており、ブランドを買う理由の変化や、「リテールメディア」など新たな販売手法も出てきています。その中では、もはや経験依存型の「成功パターンの焼き増し」はもはや通用しなくなってくるでしょう。これは、小規模ブランドに限った話ではありません。

ブランドマーケティングでは、世の中の環境変化による消費者インサイトの変化を捉え、新商品や新ベネフィット創出などを通じて当たり前にブランドを進化させてきました。**小売環境もこれまでにないほど大きな変化が起こり、バイヤーインサイトも変化している中で、これまでと同じ売り方を継続することが、最大の効果を生むはずがありません。**だからこそ、バイヤーインサイトを捉えたトレードマーケティングの実践をしなければ、今後の競争には勝てなくなってしまうのです。

この本は単なる営業ノウハウ本ではありません。またカテゴリーマネジメントの方法論などの「具体的なテクニック論」ではなく、トレードマーケティングの教科書でありフレームワークです。トレードマーケターだけでなく、営業の方や、ブランドマネージャー、広告会社の担当者、卸店セールスにも、多くの新たな気づきをご提供できるはずです。

本書は全部で8章で成り立っています。第1章・第2章は、トレードマーケティングとは何かを深く理解し、第3章〜第6章で具体的な実践方法を見ていきます。実践は1〜4までありますが、トレードマーケターや営業の方以外は、第4章【実践2】は読み飛ばして構いません。トレードマーケターや営業の方にはすべて網羅していただきながら、特に営業部署の方は、第7章の「営業部におけるトレードマーケティング思考の応用」を良く理解していただければと思います。

良い商品が、ショッパーに届かないはずはない、と私は本気で思っています。そこに欠けているのは、単にトレードマーケティングの実践なのです。すべてのブランドにスポットライトを浴びるチャンスがあるはずです。本書が、「より多くの価値ある商品がより多くのショッパーに届く」ための環境づくりのサポートになることを願っています。

＊1　ショッパー／購買者のこと。つまり、「その商品を『店で買う』人」であり、「その商品を『使う』人」である消費者とは異なる

＊2　オフラインビジネス／ECなどのインターネットでの販売を軸としたオンラインコマースではなく、実店舗での販売を主体としたビジネスのこと

＊3　D to Cブランド／「Direct to Consumer ブランド」のこと。自社で用意したECサイトで、直接消費者に対し商品を販売しているブランド。小売店舗を介して販売するブランドと区別して、このように呼称される

＊4　アウト展開／定番棚以外の場所に商品を展開すること。例えば定番棚の端に位置するエンドや平台をフロアに置いた島陳列、店舗の外の出入口付近の棚など様々なケースがある

トレードマーケティング　売場で勝つための4つの実践

目次

第2章

第3章

実践1

小売（バイヤー）インサイトを理解する

第4章

実践2

流通戦略・戦術を企画する

第5章

第6章

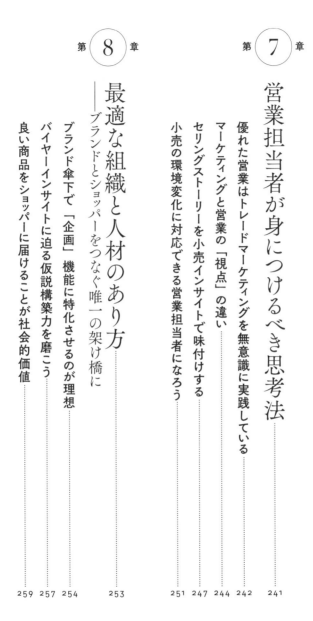

第1章

トレードマーケティングとは何か

——バイヤーもショッパーも動かす「ストーリー」をつくる

トレードマーケティングは「これから」の領域

これから本書を読み進めていただくうえで、まず「トレードマーケティング」とは何か、の目線合わせから始めたいと思います。

「トレードマーケティング」という言葉や組織名称は、いわゆる「外資系メーカー」で主に使われており、まだまだ、メーカー業務に携わる多くの方が当たり前に理解している用語とはいえません。もしくは「すでに聞いたことがある」読者であっても、明確に定義ができる方はそれほど多くはないのではないでしょうか。

それもそのはず、まだまだトレードマーケティング自体の歴史は浅く、１９８０年代に、欧米での過当競争下における店頭プロモーションの重要性の高まりを背景に生まれたマーケティング領域ともいわれています。その発祥には諸説あるものの、日本に入ってきたのも１９９０年代と考えられています。

また現在までに、日本ではトレードマーケティングの書籍など体系化された情報もなく、構造的な言語化が進んでいないことも、トレードマーケティング自体の理解や定義が促進されない原因として考えられます。例えば近代のブランドマーケティングは、１９００年代初頭にフォード社の「一般顧客向けの大衆車販売手法」を起点に生まれたとされ、これまでに様々な著名人が言語化し発展してきましたが、それと比較をしても、トレードマーケティングはまさに「これから」のマーケティング領域といえるでしょう。

これまで読者の方々はトレードマーケティング自体にまったく触れてこなかったのかというと、実はそうとは限りません。トレードマーケティングを簡単に表現すると**「流通業（小売業・卸売業）やショッパー（購買者）を対象とし、ビジネスバリューチェーンや売場基点での自社商品の需要拡大を実現すること」**です。

つまり、一般的に「販促」と呼ばれている様々な活動は、小売業からの仕入れ需要を促進したり、来店したショッパーの店頭需要を喚起したりしていることから、このトレードマーケティングの具体的な戦術のひとつといえます。実際に多くのメーカーにおいては、これら販促の「戦略やプラン」を企画している部署は「営業企画部」「営業推進部」「流通戦略部」などの呼称がついており、いわゆるトレードマーケティングの役割を期待されているのです。

では、それらの組織が常に「トレードマーケティング」を実践できているのか。残念ながら、必ずしもそうとはいえません。**問題は、これら戦略・プランなどの「流通戦略策定」の多くが、主に「過去の営業経験依存型」で実施されており、「マーケティングの実践」として行われていないことにあります。**これは、日用消費財メーカーに限らず、アパレル、スポーツ用品やカー用品を始めとする専門用品メーカーなど、小売企業を通じて販売活動を行っている多くのメーカーに当てはまるでしょう。これが、現在のトレードマーケティングにおける大きな課題となっているのです。

マーケティングの定義をおさらい

まず、トレードマーケティングを正しく理解するうえで非常に重要となる、「そもそもマーケティングとは何か?」の理解から始めていきます。ここでは、決してマーケティング論を深掘りしたいわけではなく、「マーケティング」という抽象度の高い概念について、皆さんと正しく目線合わせをしていくことを意図しています。

「マーケティングとは何か?」と聞くと、人によって様々な解釈が存在します。本書では「トレードマーケティング」を正しく理解いただくことを目的として、今後はマーケティングを次のように定義しています。

「マーケティングとは、顧客のニーズやインサイトを言語化、定量化し、それに基づく戦略・アイデアによって、売れる仕組みをつくること」

また併せて、マーケティング専門組織の公式見解や著名なものをいくつか紹介しますので、まずは複数の定義に触れ、皆さんなりのイメージをつかんでいただければと思います。

- 「(マーケティングとは)顧客や社会と共に価値を創造し、その価値を広く浸透させることによって、ステークホルダーとの関係性を醸成し、より豊かで持続可能な社会を実現するための構想でありプロセスである」

(日本マーケティング協会)

- 「顧客のニーズに応え、自然と顧客が引き付けられるような仕組みを作ること」

(グロービス経営大学院)

- "Marketing is the activity, set of institutions, and processes for creating, communicating, delivering, and exchanging offerings that have value for customers, clients, partners, and society at large."(マーケティングとは、顧客、クライアント、パートナー、社会全体にとって価値のあるモノ・コトを創造し、伝達し、提供し、交換するための活動、一連の制度、およびプロセスのことである)

(米国マーケティング協会(AMA))

- "Marketing is the science and art of exploring, creating, and delivering value to satisfy the needs of a target market at a profit. Marketing identifies unfulfilled needs and desires. It defines, measures and quantifies the size of the identified market and the profit potential. It pinpoints which segments the company is capable of serving best and it designs and promotes the appropriate products and services.”（マーケティングとは、ターゲットとなる市場のニーズを満たす価値を探求し、創造し、提供し、利益を得るための科学と芸術である。マーケティングは、満たされていないニーズや願望を特定する。マーケティングは、特定された市場の規模や利益の可能性を定義し、測定し、定量化する。そして、自社が最も適したサービスを提供できるセグメントを特定し、適切な製品およびサービスを設計し、販売促進する）

（Kotler Marketing Group ”Dr. “Philip Kotler Answers Your Questions on Marketing, 2012)

● “The aim of marketing is to know and understand the customer so well that the product or service fits him and sells itself… The aim of marketing is to make selling superfluous.”（マーケティングの目的は、顧客をよく知り、よく理解することで、製品やサービスが顧客に適合し、それ自体が売れるようにすること。マーケティングの目的は、セリングを不要にすることである）

（Peter Drucker “Management”, 1973)

いかがでしょうか。表現や解像度の差こそあれ、多くに共通することは「顧客の理解」「売るためのプロセスや仕組みづくり」といったことでしょう。また、例えば商品開発や広告活動などの、売るための「手段」だけを指しているわけではないことは、言うまでもありません。

インサイトの言語化・定量化が重要

先ほど、マーケティングとは「顧客のニーズやインサイトを言語化、定量化し、それに基づく戦略・アイデアによって、売れる仕組みをつくること」と定義しましたが、この「ニーズやインサイト」についても、ここで定義を揃えておきたいと思います。

「インサイトとは、ある人に対し何らかの行動を起こさせる、隠れた無意識的な心理。本人自身も自覚しておらず、言語化することができていないため、ニーズとは異なる。他者から言語化されて初めて気づく感情であることが多い」

インサイトとよく似た言葉に「ニーズ」がありますが、それらの違いについて、もう少しだけ触れていきましょう。

一般的に消費者ニーズは「顕在ニーズ」と「潜在ニーズ」に大別されます。顕在ニーズとは、本人が自覚している要望などを指しており、自ら明確に言語化ができます（「○○の機能が欲しい／○○に困っている」など）。一方で潜在ニーズは、「無意識」のニーズであり、例えばアンケート調査で「購入理由」など、本人に回答させるだけでは表出しないため、消費者インタビューなどを通じて自覚

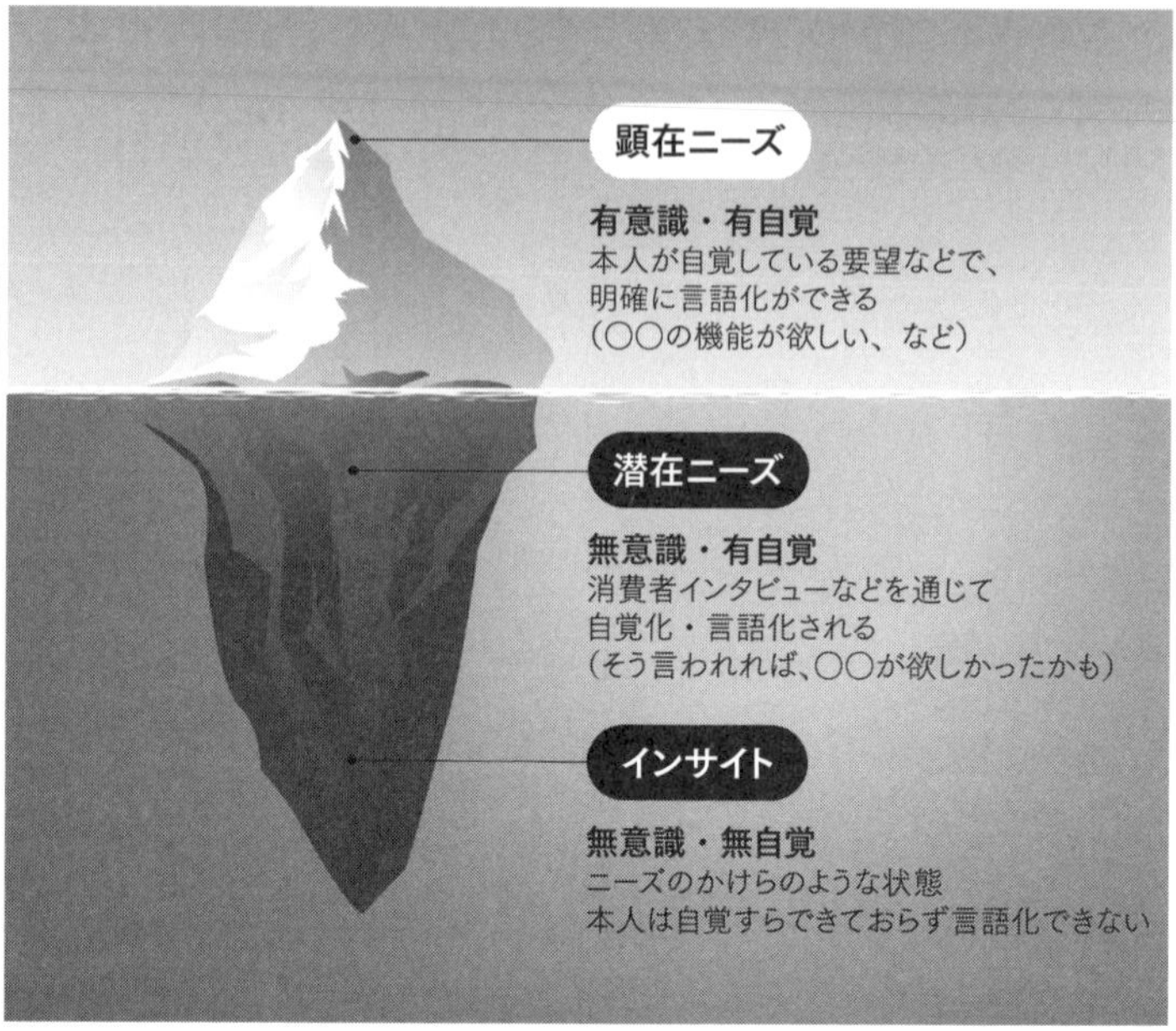
顕在ニーズ
有意識・有自覚
本人が自覚している要望などで、
明確に言語化ができる
（○○の機能が欲しい、など）
海上
（有意識）
水中
（無意識）
潜在ニーズ
無意識・有自覚
消費者インタビューなどを通じて
自覚化・言語化される
（そう言われれば、○○が欲しかったかも）
インサイト
無意識・無自覚
ニーズのかけらのような状態
本人は自覚すらできておらず言語化できない

図表 1-1　5%の顕在ニーズと、95% の潜在ニーズ・インサイト
人間の行動は、95%の無意識領域に大きく影響を受けている

化・言語化されます（「そう言われれば、○○が欲しかったかも／○○に困っていたかも」）。

潜在ニーズとよく混同されがちなのが「インサイト」であり、インサイトも「無意識」という点では潜在ニーズと同じです。しかしインサイトは潜在ニーズよりもさらに深層心理にあり、またニーズのかけらのような状態のため、本人は『自覚や把握』すらできず、潜在ニーズとは異なりインタビューを通じてもなかなか引き出すことができません。皆さんも、「なぜこの行動をとったのか」「なぜこれを購入したのか」と聞かれても、簡単に答えられないことがあるのではないでしょうか。

ハーバード大学の名誉教授であるジェラルド・ザルトマン氏は「人間は、

自分自身の意識の5%しか認識していない。そして、残る95%の方がわれわれの行動に関係している」と説いています[*5]。つまり人間の行動は、無意識領域の95%に含まれる「潜在ニーズ」と、さらに深層にある「インサイト」に大きく影響を及ぼされており、それゆえに、ニーズだけでなく、インサイトも言語化・定量化することこそが、売れる仕組みづくり(=マーケティング活動)において非常に重要といえるのです(**図表1—1**)。

この「インサイトを言語化し、売れる仕組みをつくること=マーケティング」をより直感的に理解いただくため、さらに実践例をふたつ紹介します。

実践例① カリフォルニア牛乳協会「got milk?」

ひとつ目は、アメリカで最も成功したマーケティングのひとつといわれる、アメリカのカリフォルニア州にある「カリフォルニア牛乳協会」での、インサイト起点で実施したブランドキャンペーンの事例をご紹介します。

1990年代初頭、カリフォルニア州では牛乳の消費量が大きく落ち込んでいました。カリフォルニア牛乳協会は、落ち込む牛乳の需要を回復させようと、当初は「栄養価が高い」や「健康に良い」などの「健康訴求」を徹底して実施していましたが、消費量は一向に改善しませんでした。

そこで、カリフォルニア牛乳協会は、日ごろ牛乳をよく飲む人たちに『1週間牛乳の飲用を禁止』し、後日牛乳が欲しくなる場面などについて、グループインタビューを実施するという定性調査を実施しました。すると回答からは、「クッキーを食べながら飲み物が欲しいと思った時に、『牛乳を飲めない』というルールを思い出してイライラした」「普段牛乳を飲んでいる場面で牛乳がない時に、牛乳のことを考えてしまう」などの意見が出てきており、ここから「クッキーやパンを食べて、口がぼそぼそしている場面では、牛乳がないと困る」といった消費者インサイトを得ることができました。

この結果から、これまで実施していた健康軸の訴求ではなく、「got milk?（ミルクある?）」というコピーをつくり、それを軸にブランドキャンペーンを開始しました。商品パッケージで「got milk?」を訴求したり、クッキーやパンの販売店付近で広告を実施したりすることで、飛躍的に消費量を回復させることができました。このキャンペーンは、カリフォルニア州を超え、全米で2014年まで展開されました。

おそらく消費者に「なぜ牛乳を飲むのですか?」とヒアリングした際、「おいしいから」「健康でいたいから」などのニーズは簡単に引き出すことはできるかもしれませんが、「口内の水分がなくなった時に、牛乳が合うから」などといったインサイトは出てこないでしょう。この例は、まさにインサイトを言語化し、それをブランドキャンペーンとして売れる仕組みをつくった、マーケティングの成功例といえます。

実践例②　お買い物シーンでのショッパーマーケティング

ふたつ目は、読者の皆さん自身が、皆さんの持つインサイトによって「実際に行動がコントロールされている」という事例から、マーケティングとは何かの理解をさらに深めます。

皆さんは日々様々なシーンで買い物をしています。当然働き方やライフステージでも細かな変化はありますが、平均して「2〜3日に1回」の頻度でスーパーマーケットやドラッグストアで買い物をするといわれています。

そんな日々の買い物の中で、例えば皆さんが次の状況におかれたことを想像してください。

- 今日「日用品（例：つめかえ用洗剤）の『大容量サイズ（ラージパック）』を購入しよう」と最寄りのドラッグストアに立ち寄り、定番売場［＊6］の前に立った。

さてこの時、皆さんは定番売場の「どの位置」に目が向きますか？

当然答えはひとつではないでしょうが、おそらく多くの方は「売場の最下段」に無意識に目を向けるのではないでしょうか。

これはまさに、日々の買い物において、皆さんが無意識・無自覚にインサイトによって行動や判断を制されている例のひとつです。この「大きいものを探す際は、下段に目を向ける」という無意識の行動は「ショッパーサイコロジー（購買者心理）」とも呼ばれるショッパーインサイトのひとつであり、特に、店頭でどのように商品を探し・見つけ・選択するか、に影響するインサイトとして知られています。

ほかにも例えば、「低価格帯／中価格帯」の2種類を品揃えするブランドで、より中価格帯を拡売したい場合、「高価格帯」を品揃えすることでより中価格帯が売れやすくなる、といったことも、代表的なショッパーサイコロジーです。つまり皆さんの買い物行動は、皆さん自身が持つインサイトに、常に大きく影響されているということです。

では、このショッパーインサイトの言語化・定量化から構築する、売れる仕組み（＝マーケティング）とは何でしょうか。すでにお気づきの方もいるかもしれませんが、例えば前述のインサイトを言語化した結果、「売場のレイアウトにおいて、大容量パックを下段にまとめて陳列する」ということを提案し、実現すれば、それは立派な「ショッパーマーケティング」になります。またもしかすると、売場の目線の位置に、「最下段に大容量パックが陳列されている」ことをガイドするＰＯＰを設置することも、ショッパーマーケティング手法のひとつかもしれません。

顧客の定義から始まる

このようにマーケティングとは**「顧客のニーズやインサイトを言語化、定量化し、それに基づく戦略・アイデアによって、売れる仕組みをつくること」**であることは、これまでの例を通じ理解いただけたと思います。ここで非常に重要なことは、マーケティングの各領域は、『顧客』をどのように定義するのか」によって大きく異なってくるということです。

一般的に「マーケティング」と聞くと無意識に「顧客＝消費者」と捉えてしまいがちですが、あくまでも「顧客」とは「マーケティングの対象者」であり、必ずしも常に消費者が顧客とは限りません。前述のショッパーマーケティングでは「顧客＝ショッパー（購買者）」であり、ショッパーインサイトがマーケティングの重要な基礎となりますし、例えば「インバウンドマーケティング」では、「顧客＝訪日外国人」となり、訪日外国人のインサイトを深掘りすることからマーケティングが始まります。つまり顧客の定義が非常に重要だということです。

それでは「トレードマーケティング」の顧客は誰なのでしょうか。本章の冒頭でも触れましたが、それは**小売業・卸売業などの流通業や、場合によってはショッパー（購買者）になります。**言い換えれば、正しいトレードマーケティングを実践するためには、彼らのインサイトを正しく言語化することが不可欠であるといえます。

これまで「マーケティングとは何か？」について詳しく見てきました。ここからは、まだまだ定義が曖昧になりがちな「トレードマーケティングとは何か？」について、様々な角度から、明確に定義していきます。

メーカーと小売が重なる領域を最適化

メーカーが担う各マーケティングの「領域」は数多く存在しており、また呼称も複数存在することから、それらの定義の共通理解を持てていないことが多々あります。トレードマーケティングの正しい理解のために、各マーケティング領域について、メーカーを取り巻くステークホルダーである「消費者・購買者」「小売」「メーカー」を用いてシンプルに分類し、共通認識を構築していきたいと思います（図表1―2）。

はじめに、「メーカー」と「消費者」が重なる領域が、一般的にマーケティングの通称として想起される「ブランドマーケティング」です。ここでは、メーカーのブランド担当者が、各ブランドを単位として、ブランドごとの「消費者」を顧客とする「消費者インサイト」を導き出し、売れる仕

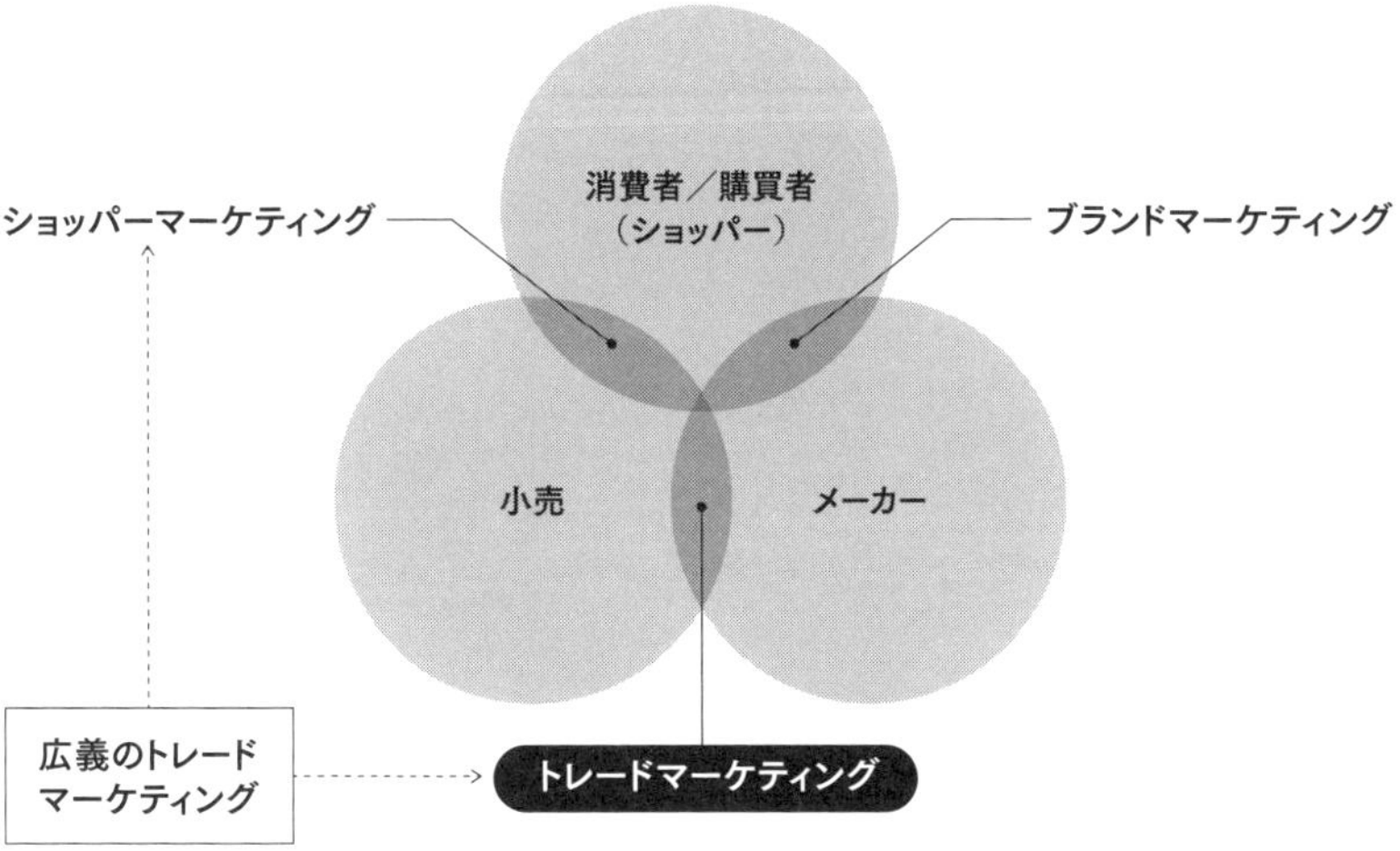

図表 1-2　トレードマーケティングの領域
「小売」と「購買者（ショッパー）」が、対象顧客と定義される

組みをつくっています。対消費者のタッチポイント全般を担うため、例えば、商品づくりなどの「企画」やテレビ広告などの「宣伝」に限らず、いわゆる「D to C」などと通称される、消費者への直接的な訴求による自社販売サイトにおける売上最大化なども、ブランドマーケティングの責任領域として定義されます。

続いて、「小売」と「購買者」をつなげる領域が、「ショッパーマーケティング」と称されるマーケティング領域です。店舗に訪問する購買者（ショッパー）を顧客対象としてそのインサイトを言語化し、売れる仕組みづくりとして「最適な品揃え」「最適な売り場づくり」「最適な販促手法の構築」などを行うことで、ショッパーの購入に至るまでのプロセス全体における生産性の改善を通じ、客数・客単価の拡大を図ります。

部署名称	責任領域軸	対象マーケティング領域
マーケティング部 ブランドマーケティング部	ブランド軸	ブランドマーケティング
トレードマーケティング部 営業企画部など	ブランド軸	トレードマーケティング ショッパーマーケティング
リテールマーケティング部 カスタマーマーケティング部 流通企画部など	小売企業軸	ショッパーマーケティング

図表 1-3　メーカーにおけるマーケティング組織
各マーケティング組織は、責任領域と対象顧客で整理すると役割を定義しやすい

そして最後に、メーカーと小売の重なる領域を担っているのが「営業企画」や「営業推進」などとも称されるトレードマーケティングです。ブランドマーケティング同様に各ブランドを単位とし、「横断的に小売環境にかかるインサイト」を収集し、それを戦略・アイデアとして具現化することを担っています。

単に「メーカーと小売の重なる領域」での売れる仕組みづくりといえども、商品が小売店に陳列されるまでのサプライチェーンを包括しているため、他のマーケティング領域と比較しより多くのステークホルダーが存在していることが特徴で、例えば、小売店へ納品されるまでの仕入れや商品管理・販売を担う「卸店」や、小売企業とひとえにいっても、バイヤーが所属する「商品部」や小売企業の販売促進企画を策定する「販促部」、各店舗の売上責任を担い、また店長なども所属する「営業部」など関係者は多岐にわたります。トレードマーケティングはそれら多くのステークホルダーを「顧客」として定義し、彼らのインサイトを包

括的に司り、売れる仕組みをつくっていきます。

なお、具体的なショッパー施策や店内施策の実行可否は、小売環境にかかるインサイトに非常に強く依存するため、前述のショッパーマーケティングも、一般的に広義のトレードマーケティングに内包されています。

なお直近では、「小売企業におけるデジタル販促の活性化」を背景に、新たに「カスタマーマーケティング部」や「リテールマーケティング部」「流通企画部」といった、「小売企業向け」のマーケティング部署を組織するメーカーも増えています。具体的には、各小売企業での消費者キャンペーンの企画や、「リテールメディア」と呼ばれる、小売企業保有のアプリやサイネージなどのメディアを活用したマーケティング施策の構築などを行っています。ただこれらは、新しいマーケティング領域というわけではなく、あくまでも個別の小売企業／小売企業群を単位とした「ショッパーマーケティング」を実行する組織呼称だと捉えられます（**図表1―3**）。

4C領域の施策で「買い求めやすさ」を最大化する

トレードマーケティングでは、小売企業や卸店などの流通業やショッパーを顧客対象としており、ブランドマーケティングは消費者を顧客として定義している、という点については、ここまでご理解いただけたと思います。つづいて、「ミッションとは何か」について知っていただくことで、さらにトレードマーケティングについての理解を深めていきます。

営利企業におけるビジネスゴールは当然のことながら利潤の追求であり、マーケティング部に期待される役割でいうと、「売上・シェア目標の達成」ということになります。その達成のためにマーケティング部のミッションがデザインされるのですが、これもまた様々な解釈が存在するでしょう。ただ、ブランドマーケティングとトレードマーケティングの比較論の中で表現するならば、バイロン・シャープ氏が提唱している「メンタル・アベイラビリティ（Mental Availability）」「フィジカル・アベイラビリティ（Physical Availability）」［＊7］を活用すると、非常にシンプルに整理が可能です。

メンタル・アベイラビリティは直訳すると「心理的に入手可能な状態」という意味合いであり、「ブランドが購買シーンにおいて想起されやすい程度」を指しています。つまり消費者からの、そのブランドの「思い出してもらいやすさ」です。メンタル・アベイラビリティの最大化には、ブランド認知の獲得や、ブランディングを通じたブランドに関連する記憶の構築（ブランド・セイリエンス）が非常に重要とされています。ここからも推察できるように、「いかにメンタル・アベイラビリティを最大化できるか」については、ブランドマーケティングが担うコアミッションとなっています。

続いてフィジカル・アベイラビリティは「物理的に入手可能な状態」という意味であり、「多くの消費者に幅広い購買機会が提供されている程度」を指しています。「買い求めやすさ」とも言い換え

ることができるでしょう。このフィジカル・アベイラビリティの最大化をコアミッションとして担っているのがまさにトレードマーケティングであり、その達成のためには、地域や時間を問わず、そのブランドが「広く」「深く」流通していることが不可欠となります。

これらメンタル・アベイラビリティとフィジカル・アベイラビリティの双方が確立して初めて、ブランドの売上を拡大することができるのです。

とはいえやみくもに、ブランド認知の構築に走ったり、とにかく広く深く流通させることに挑んだところで、それらのアベイラビリティを効率的・効果的に向上させることはできません。どのような接点でどんな活動をすべきか、をまず具体的に整理したうえで、最適なプランニングをする必要があるでしょう。それらの最適な接点や活動を整理する枠組みが、4P／4Cのマーケティングフレームワークといえます。

4P／4Cとは、マーケティングの企画領域を整理するための、マーケティングミックスとも呼ばれるフレームワークであり、4Pは①Product（製品）②Price（価格）③Place（流通）④Promotion（広告・販促）、4Cは①Customer Value（顧客価値）②Cost（顧客が払うコスト）③Convenience（入手利便性）④Communication（コミュニケーション）と、それぞれ4つの領域を表しています（**図表1－4**）。広く普及している4Pフレームワークに対し、4Cはまだ聞き馴染みのない方も多いかと思います。「良いモノをつくれば売れる」時代から、モノがあふれかえり「顧客が自らの価値にあったものを

4P 企業・商品視点	4C 顧客視点
Product 製品	Customer Value 顧客価値
Price 価格	Cost 顧客が払うコスト
Place 流通	Convenience 入手利便性
Promotion 広告・販促	Communication コミュニケーション

図表 1-4　マーケティングの 4P と 4C
それぞれ４つの領域が、対象者の視点の違いで対になって定義されている

選択する」時代になってきたことで、1990年代に誕生したのが4Cであり、4Pが「企業・商品視点」の企画領域を定義しているのに対し、4Cは「顧客視点」のそれを表しています。また「企業・商品視点の① Product に対し、顧客視点の① Customer Value が存在する」というように、4つの企画領域それぞれが、対になって成り立っているのも特徴です。

ブランドマーケティングでは、各ブランドにおける消費者ニーズや消費者インサイトの深い理解に基づき、これら4P／4Cの各領域を行き来しながら最適なアイデアを構築することで、メンタル・アベイラビリティの最大化を図ります。この4P／4Cに基づけば、メンタル・アベイラビリティの改善には、例えば「広告・販促施策」によるブランド認知の獲得だけではなく、どんなブランドアイコンで、どんな価格に見合った価値を持つのか(Product/Customer Value, Price / Cost)や、どんなシチュエーションで販売されるのか（Place/Convenience）などの、「ブランド

4P 企業・商品視点	4C 顧客視点	フィジカル・アベイラビリティ主要 KPI	
Product	Customer Value	配荷	最適な品揃えは何か
Price	Cost	価格	最適な価値に見合った価格はいくらか
Place	Convenience	棚割り	最適なフロア・定番レイアウトはどんなものか
Promotion	Communication	店頭販促・アウト展開	最適な店頭訴求・タッチポイントは何か

図表 1-5　フィジカル・アベイラビリティの主要 KPI
「幅広い購買機会が提供されている状態」は大きく４つの要素で形づくられる

イメージやブランドに関連する記憶の構築（ブランド・セイリエンス）」を担う企画領域も、消費者起点で十分にデザインすることが求められる、と理解できます。これが、ブランドマーケティングが担っている具体的なミッションです。

　では、トレードマーケティングが担うべき、フィジカル・アベイラビリティ最大化のための４Ｐ／４Ｃは具体的に何を指すのでしょうか。フィジカル・アベイラビリティは前述の通り「幅広い購買機会が提供されている状態」であり、４Ｐ／４Ｃに基づくと、大きく次の４つの具体的な要素に分けられます（**図表１―５**）。

- Product / Customer Value：配荷（最適な品揃えは何か）
- Price / Cost：価格（最適な価値に見合った価格はいくらか）
- Place / Convenience：棚割り（最適なフロア・定番レイアウトはどんなものか）
- Promotion / Communication：店頭販促・アウト展開［＊8］

（最適な店頭訴求・タッチポイントは何か）

トレードマーケティングでは、主にこれら4つの可変要素を主要KPIとし、継続的な改善を図ることでショッパーのフィジカル・アベイラビリティの最大化を実現します。まさにこれが具体的なミッションになります。なお、配荷SKU数[＊9]拡大や、売場スペース増加などを始めとするこれら4つの主要KPI改善のための実行プランやアクションはすべて、小売企業のバイヤーに「YES」と言ってもらえなければ実現できません。だからこそ、KPI改善によるフィジカル・アベイラビリティの最大化を達成するためには、**「バイヤーインサイト」**（**バイヤーが無意識的にYES／NOを決めてしまう、心理的な判断軸**）**ともいえる「バイヤーインサイト」の理解が非常に重要**であり、それに基づく戦略やプランの構築が不可欠なのです。

本章の冒頭で、マーケティングとは何かについて次のように定義しました。

「マーケティングとは、顧客のニーズやインサイトを言語化、定量化し、それに基づく戦略・アイデアによって、売れる仕組みをつくること」

お気づきの方もいらっしゃるかもしれませんが、ここでいう「売れる仕組みをつくること」が、まさに「アベイラビリティを最大化すること」を表しています。

加えて、これまで見てきたブランドマーケティングとトレードマーケティングの違いを当てはめて再定義をすると、次のようにそれぞれまとめることができます。

「**ブランドマーケティング**とは、**消費者**のニーズやインサイトを言語化、定量化し、それに基づく、**4P領域における**戦略・アイデアによって、**メンタル・アベイラビリティ（思い出してもらいやすさ）**を最大化すること」

「**トレードマーケティング**とは、**小売・ショッパー**のニーズやインサイトを言語化、定量化し、それに基づく、**4C領域（配荷・価格・棚割り・店頭販促）における**戦略・アイデアによって、**フィジカル・アベイラビリティ（買い求めやすさ）**を最大化すること」

いかがでしょうか。ここまでトレードマーケティングというマーケティング領域の理解のため、様々な角度から皆さんの解像度を高めてきましたが、これで、おおよその役割は認識できたと思います。

最後に、トレードマーケティングの実践にあたり、バイヤーインサイトに大きく影響する、非常に重要な「購買者（ショッパー）とは何か」について、「消費者」との違いを挙げながら説明していきます。

ショッパーは多重人格者である

皆さんが「消費者とショッパーの違いは何か」と聞かれたら、どのように回答するでしょうか。おそらく多くの方は「消費者は『商品を消費・使用する人』であり、ショッパーは『商品を購入する人』である」と回答するのではないでしょうか。

もちろん単なる定義という点では正しい理解といえるでしょう。例えば、子ども用オムツにおいては、消費者は「子ども」でも、メインショッパーは「母親」であるし、男性カミソリであれば、もちろん消費するのは「男性」である一方で、実はショッパーには、母親や奥さんなどの「女性」も多く含まれていることが分かっています(代理購買比率は3割以上ともいわれています)。ただ、トレードマーケティングにおいてショッパーを捉える場合は、この「誰か」だけの理解だけでは少し不足しています。ショッパーの「ニーズの多様性」についても押さえておかなければなりません。

消費者とショッパーのニーズの違いを見ていきましょう。

私はお酒を飲むことが好きなのですが、特にビールを好んで飲みます。なぜ好きなのかと問われると明確に回答することは難しいですが、そもそもの味や、のどごしなどが好きなのでしょう。そのため外食時でも、家でお酒を飲むときも、同様にビールをよく飲んでいます。つまり私は、お酒カテゴリーにおける消費のニーズとして「ビール」があり、この「ビールが好き」というニーズは、飲食店だろうと家だろうと常に普遍的です。ここからも分かる通り、同一のひとりの中にある、それぞれのモノに対する消費者ニーズは常に「不変」だということです。もちろんそのニーズ自体は、年齢や環境などによっても変化していきますが、同じタイミングではシチュエーションによって「モノの好み」が急に変化することは、あまり考えられないでしょう。

一方でショッパーはどうでしょうか。例えば皆さんが家でビールを飲む場合は、どこかの小売店でビールを購入していると思います。私も例に漏れずよくビールを購入するのですが、仕事から帰宅するときには、近くのコンビニエンスストアで「バラ」のビール缶を購入するし、土日に総合スーパーに行く際は「6缶パック」を購入します。また、例えばホームセンターに行く機会があれば「ケース販売」のビールを購入することもあります。総合スーパーやホームセンターでも、ビールをバラ売りしていますが、基本的には6缶パックやケース商品を購入し、バラのことは、そもそも頭の中の買い物リストには入っていません。

お分かりの通り、ショッパーの「購入」に対するニーズは、**実は「どんなシチュエーションか」によって、複数存在し得るということであり、ここが「同じタイミングでは常に『不変』である」消費者ニーズと大きく異なる点なのです。ひとりの人であっても、ショッパーは多重人格を持っているのです。**

「どんなシチュエーションか」は複数の要素に分解できます。例えば、そもそもの各チャネルにおける「ショッピングミッション」の違いです。言い換えれば「どんなお買い物モードか」ということになるでしょう。

皆さんもぜひショッパーの気持ちになって考えてみてください。例えは、ある商品を購入する目的でドン・キホーテやバラエティストア(雑貨店)に買い物に行った際、目的の商品を見つけた後、そのまますぐにレジに向かうでしょうか。おそらく多くの方はレジには直接向かわず、その後も店内を巡回し「何かおもしろいものはないかな」と探索し始めるでしょう。なぜならば、ドン・キホーテやバラエティストアにおけるショッパーは「トレジャーハンティング(宝探し)」モードになっているからです。だからこそ、多くのPOPによってゴミゴミしている店内や売場がまったく気になりません。むしろ、新たな「宝」の手がかりとして、積極的に情報を仕入れているのではないでしょうか。

一方でコンビニエンスストアにおいては、目的のものを手に取ると、すぐにレジに向かいます。なぜならば、コンビニエンスストアでは「利便性」を期待して買い物をしているからです。仮にコンビニエンスストアで、ドン・キホーテのように非常に多くのPOPが設置されていた場合、「買いにくい」という印象を持つことでしょう。

チャネルにおけるお買い物モードのほかにも、「来店方法」もショッパーニーズを変化させる要素のひとつです。車で来店する場合は、大きいものや重たいものを購入することができるため、車で来ることの多いホームセンターや郊外型のドラッグストアは、必然的に「まとめ買い」のショッパーニーズが出てきます。一方で、仮に同じ屋号のドラッグストアであっても、駅近の立地であれば徒歩での来店が多いため、どちらかというとコンビニエンスストアと同様に、簡単に買って帰れるものを無意識に期待します。

このように、同じひとりのヒトであっても、「どんなシチュエーションで購買するか」によってショッパーニーズは多様化するのです。忘れてはいけないのは、自社商品をショッパーに販売してくれる「小売企業」は、「自社のショッパーをどのように動かすのか（多く来てもらう、多く買ってもらう）」を軸にビジネス伸長を目指しているということです。だからこそ小売企業が日々気にしている「ショッパー」やそのニーズを正しく理解することは、トレードマーケティングに不可欠な、「バイヤーの隠れた無意識的な判断軸」であるバイヤーインサイトを理解することにもつながります。

ここまでショッパーニーズの多様性について説明してきましたが、もちろんショッパーのニーズやインサイトの中には、前述の事例で用いた「ショッパーサイコロジー」など、シチュエーションを問わず普遍的なものも存在しています。重要な点は、これらの理解に基づき「ショッパー軸で考える」ことが、トレードマーケティングとして必要不可欠な「小売視点でビジネスを捉える」きっかけになるということです。ここで深く理解する必要はありませんが、「ショッパー軸で考える」という点を直感的に理解いただくため、例をひとつ挙げておきましょう。

ブランド成長だけでなく、得意先成長の視点で捉える

ブランドの年間売上は、常に次の3つの要素の掛け算でできており、すべてのブランド活動はいずれかの要素を向上させることを目的としています。

・ブランドの利用人数（人口×利用率〔世帯浸透率〕）
・ブランドの1人当たり平均年間消費量（消費容量や、消費個数など）
・ブランドの消費当たり平均単価（容量当たり単価や、1個当たり単価）

例えば、日ごろこのブランドを「小売店A」で購入していた「ある消費者」が、ある時から「小売店B」でそのブランドを購入し始めたとしましょう。この時、このブランド担当者は喜ぶでしょうか。決してそんなことはないでしょう。なぜならば単にひとりのショッパーが、購入場所を「小売店A」から「小売店B」に変更しただけであり、ブランドの売上構成要素である「ブランドの利用人数」自体は、まったく変わらないからです。一方で小売店はどうでしょうか。お察しの通り、「小売店B」の関係者は間違いなくうれしいはずです。なぜならば「小売店A」のショッパーを奪うことができたためです。

この例だけをみれば読者の方も「当たり前だ」と思うかもしれませんが、実は自社ブランドの売り込みにフォーカスしている場合には、意外とこの視点は抜けがちになります。
「ブランドの利用人数」は「人口×利用率」でできていますが、利用人数拡大を図る場合、「人口」のレバーはコントロールできないため、もう一方の「ブランド利用率」の向上を目指します。そのためブランド担当者は、ブランド未利用者への新規利用の訴求や、競合ブランドからスイッチしてもらうための施策など、様々なブランド利用率改善プランを策定し、メーカーの営業部門に武器として提供します。そして営業部門はその「ブランド利用率」改善プランをバイヤーに売り込むのです。

一方、小売企業の売上構成要素をみると、

- 小売企業のショッパー（購買者）数（来店者数×購入率）
- 小売企業のショッパー1人当たり平均年間購入数量
- 小売企業の1個当たり平均単価

からできており、ブランドのそれとは少し異なり「小売企業のショッパー数」を増加させるためのレバーが「来店者数」と「購入率」のふたつ、存在しています。営業部門がバイヤーに売り込む「ブランド利用率改善プラン」は、小売視点から見ると「購入率」を向上させるためのプランになるため、メーカー視点でプランの売り込みにフォーカスしてしまうと「購入率」中心の話に終始してしまい、どうしても「来店者数」についての貢献を検討することを忘れてしまうのです。小売企業にとっては、「競合店舗からショッパーを奪うこと＝来店者数を伸ばすこと」が何よりも重要なミッションにもかかわらず、です。

小売現場から離れれば離れるほど、また「自社商品」を中心に物事を検討すればするほど、メーカー担当者は「消費者」視点に閉じてしまいます。これを補正する役割を持つのがトレードマーケティングです。ショッパー軸で小売視点に立ったビジネス視野を持つことで、バイヤーインサイトを理解し、あくまでブランド単位での全体最適（個別の小売企業ではなく、全国の小売企業に適用できる最適化）のもと、消費者視点だけでは満たせない、それを補う小売インサイトベースの戦略・プランやセリングストーリーの構築こそが求められているのです。

「百戦錬磨のベテラン営業＝優秀なトレードマーケター」ではない

多くのメーカーにおいて、営業企画部や営業推進部などとも呼称されるトレードマーケティング部は、営業部門内のキャリアプランに内包されていることが一般的で、様々な営業現場経験を積んだのちに、経験豊富なベテラン営業のひとつのステップアップとして配属されるケースがよく見られます。なぜならば、これらメーカーでは、トレードマーケティングに「経験に裏打ちされた引き出しの多さ」を期待しているためであり、小売業界自体の広く深い知識を前提に、競合ブランドを含めた過去の成功事例の豊富さや、色々な小売企業体質にあわせた対策の柔軟さなどの「正解確率の高い具体的な方法論」を、無意識のうちに配属のための必須条件として求めているからです。

読者の方の多くは「当然だ」と思うかもしれませんが、実はまさにこれが、トレードマーケティングという領域がこれまで定義されずにいたことからくる、誤った認識です。必ずしも「百戦錬磨のベテラン営業＝優秀なトレードマーケター」ではないのです。

「経験に裏打ちされた引き出しの多さ」を持つベテラン営業をトレードマーケターに配属する場合、組織は、既存商品やこれから発売する新商品の「ビジネス課題」の解決に、過去の「経験則」からくる正解確率の高い解決方法を期待します。そのため、例えば新商品発売時の「アウト展開の獲得」に課題がある場合には「〇〇のような商品は、こんな企画品を発売するとアウト展開が獲得しやすかった」や、配荷に課題がある時には「小売企業の利益率を〇〇まで改善したらいい」、競合対策に課題がある際は「競合対策には〇〇のような消費者キャンペーンが効果的だった」など、経験豊富な営業だった新人トレードマーケターは、「経験則プランニング」を実施し、過去の成功事例を焼き増ししていくのです。

しかし、よく考えてみてください。例えばブランドマーケティングでは、年々消費者を取り巻く環境が大きく変化している中で、過去上手くいったマーケティングの方法論だけを、そのまま使い続けることは正解になり得るでしょうか。

皆さんもこれには「NO」と言うでしょう。前述の通り、マーケティングは「ニーズやインサイトを言語化・定量化し、売れる仕組みをつくること」であり、インサイトが変化している場合はそれによって売れる仕組みも変化すべきだというのを、皆さんも感覚的に理解しているからです。

それにもかかわらず、トレードマーケティング領域では、いまなお、インサイトに基づくのではなく、過去の経験に基づき、正解確率の高かった方法論を単純に焼き増ししていく「経験則プランニング」がごく当たり前に行われています。つまり、決して「マーケティング」の実践ではなく、無意識的に、あくまで「営業の上位概念」として、過去からの**小売環境やバイヤーインサイトの変化が「ない」ことを前提としたプランニングを許容してしまっている**、ということなのです。

優秀なトレードマーケターとは、「経験則プランニング」から脱却し、**常に「バイヤーの隠れた無意識的な判断軸」であるバイヤーインサイトや、ショッパーインサイトの変化を正しく捉え、それに基づき柔軟に流通戦略や新しいアイデアを構築する「インサイトベースプランニング」を実行できる人です。**それにより、いかなる状況においても、バイヤー・ショッパーをも動かす「ストーリー」をつくり、結果として4P／4Cの改善によるフィジカル・アベイラビリティの最大化を実現できるのです。

バイヤーもショッパーも動かす「ストーリー」をつくる

第1章では、「トレードマーケティングとは何か」について、幅広く、このマーケティング領域の定義・役割・具体的なミッションなどについて、順を追って解説してきました。トレードマーケティングの価値は、インサイトベースプランニングの実践にあります。本書を通じてこの基本を体得し、バイヤーもショッパーも動かす「ストーリー」をつくれるようになるためには、トレードマーケティングの大原則となる「バイヤーインサイト」の理解や、それをいかにして戦略や実行プランに落とし込むか、また、どのようにPDCAを正しく回していくのか、を体得することが不可欠です。

第3章では【実践1】として、その大原則の「バイヤーインサイト」について、「バイヤーはなぜ、あるブランドを贔屓《ひいき》したいと思うのか」という問いを起点に、深掘りしていきます。また、環境変化がどのようにバイヤーインサイトを変化させるのかを知ることで、いかなる状況変化においても、常にインサイトを掘り起こし直すための思考を学びます。

そして第4〜6章では、そのインサイトを「いかに戦略や具体的なプランに落とし込み、ビジネスを継続拡大していくのか」について【実践2〜4】として解説します。「戦略とは何か」という概念の整理から、「インサイトに基づきPDCAをどのように回すのか」といった各実践フェーズにおける具体的な方法論について見ていきます。

近年、メーカーを取り巻くマーケット環境は様々な観点で著しく変化しており、ますますビジネス難易度が上がっています。その直近のマーケット変化に伴い、トレードマーケティングの果たすべき役割もこれまで以上に大きくなってきています。次章では、急激なマーケット環境変化において、今トレードマーケティングに、どのような価値貢献が求められているのか、見ていきたいと思います。

＊5　出典：ジェラルド・ザルトマン著『How Customers Think』（2003）
＊6　定番売場／原則として13週間以上、陳列カテゴリーおよび商品レイアウトが固定された売場のこと
＊7　出典：バイロン・シャープ著『How Brands Grow』（2010）／『ブランディングの科学』（2018）（日本語訳版）
＊8　アウト展開／＊4（はじめに）参照
＊9　SKU数／SKUとはStok Keeping Unit（ストック・キーピング・ユニット）の略で、受発注・在庫管理を行うときの、最小の管理単位をいう

第2章

トレードマーケティングが必要とされる理由

——環境変化と本質的な価値

これまでの「勝ちパターン」が通用しない

近年「トレードマーケティング」のマーケットニーズが非常に高まっています。それは、直近のマーケット環境の急激な変化によって、ひとことで言うと**「これまでの勝ちパターンが通用しにくくなってきている」ことが主な理由**です。実際にこの悩みを抱えて、本書を手に取った方も、少なくないのではないでしょうか。

私自身へのトレードマーケティングに関する相談件数も日に日に増加傾向にあることからも、ニーズが明らかに上昇していることを実感しています。また例えば日々触れるニュースにおいて、DtoCブランドのオフライン展開の加速や、価格交渉の決裂による小売企業からの配荷カットなど、潜在的なトレードマーケティングニーズの高まりを目にする機会も大きく増えています。

この章では、なぜ環境変化によってこれまでの「勝ちパターン」が通用しなくなるのかを深掘りすることで、トレードマーケティングのニーズや価値とは何かについて見ていきます。

なぜ直近において「これまでの勝ちパターン」が通用しなくなってきているのでしょうか。その理由は大きく3つあります。

ひとつ目の理由に、そもそもの「商品販売難易度の上昇」が挙げられます。マーケット環境の変化が、最終消費者へ商品を届けるまでの各バリューチェーンを滞らせる直接的な制約条件となってしまい、その結果、営業活動だけでなく、ブランド活動含めすべての販売活動を難化させているのです。

ふたつ目は「販売手法の多様化」です。近年消費者の変化や様々なテクノロジーの発達により、最終消費者に商品を選んでもらうための方法論が非常に多様化しています。直近で、デジタルを活用した小売販促が一般化してきたことがまさに代表的な事象でしょう。これまでの「成功例の焼き増し」よりも、もっと効果的・効率的な手段が生まれてきているため、過去の勝ちパターンに固執することが、必ずしも「勝ち」につながらなくなっているのです。

「勝ちパターン」が通用しなくなる主要因の最後に、重要なバリューチェーンのひとつである小売企業の重要意思決定者、すなわちバイヤーのインサイト変化があります。前章で「バイヤーインサイト」を「バイヤーが無意識的にYES／NOを決めてしまう、心理的な判断軸」と表現しましたが、バイヤーのまさにこの意思決定の判断軸が、直近の消費者・ショッパー変化によって、大きく変わってきています。そのため、これまでの方法論が必ずしもバイヤーが求めているものではなくなり、結果的に小売サイドにおいて、これまでの「必勝法」の受容性が低下しているのです。

市場環境が変われば、勝ちパターンも変わる

この状況を直感的に理解するために、ひとつ例を挙げてみましょう。例えば、東京から大阪へ、両親を連れて毎年家族旅行をすることが恒例行事である状況を想像してみてください。これまでの家族旅行では、両親から「大阪観光を楽しむことが一番の目的」と言われており、移動は常に最短であることが望ましく、あなたはいつも「主要な航空会社を利用し、飛行機で両親と大阪に向かう」ことにしています。

ただ、年によっては予算の制約から、移動に多額の費用をかけることができず、主要な航空会社の代わりに格安航空会社を利用しなければならなくなったり、また繁忙期はチケットがとりづらくなり、航空券確保のためには様々な航空会社や旅行代理店をあたらなければならなくなることもあるでしょう。環境が変われば、目的を果たすための難易度は変化するわけです。

また、今後「リニアモーターカー」が一般的な移動手段になれば、同じ「最短で大阪に向かう」目的を果たす手段自体が、そもそもこれまでの飛行機からリニアモーターカーに変化することもあり得ます。

さらには、ある年両親から「今回の旅行は、大阪までの道中も寄り道しながら楽しみたい」と言われるかもしれません。その旅行では、飛行機ではなく「車で寄り道しながら大阪に向かう」こと

が、両親の期待に応える最適な選択肢になるでしょう。

この例では、「商品販売」にあたるゴールが「大阪へ向かう」ことであり、これまで通りの「最短で移動できる飛行機という手段を使って、目的地である大阪へ向かう」ことが、いわゆる「勝ちパターン」でした。ただ、マーケット変化により予算制約や競合性が発生した場合（商品販売難易度の上昇）は、その勝ちパターンを実行し続けることは難しくなりますし、また、リニアモーターカーという代替手段が生まれれば（販売手法の多様化）、必ずしも勝ちパターンは常に飛行機ではなくなるわけです。

さらには、時として意思決定者（この場合は両親）の求める価値が、「とにかく早く大阪に着くこと」から「寄り道しながら各地を楽しむこと」のように変われば（バイヤーインサイトの変化）、そもそもこれまでとは違う目的に対しての方法論（車で行く）を提供しなければならなくなるのです。

直近のマーケット環境ではまさにこれら3つの事象が同時に発生しています。ここからは、もう少しこれらの主要因「商品販売難易度の上昇」「販売手法の多様化」「バイヤーインサイトの変化」をそれぞれ深掘りしていきたいと思います。

商品販売の難易度を上げる4つの環境変化

商品を「売る」難易度を直接的に上昇させている環境変化は大きく4つあり、それは①メーカー環境変化 ②小売環境変化 ③消費者環境変化 ④ショッパー環境変化、に分けられます。直近ではすべての環境変化が同時に起こっており、その結果として急激に「商品販売難易度の上昇」を招いています。

①メーカー環境変化：「売る」ための投資を圧迫

直近の難易度上昇の理由のひとつ目が、メーカー環境の変化です。昨今は、どの製造業もごく当たり前にグローバル化されたサプライチェーンを持っており、そのためマクロ経済の影響を強く受けます。それが大きな逆風となった時、メーカー経営は大きくマイナスの影響を被るのですが、特に近年では「原油高」「原材料高」「円安」の3つの逆風が同時に吹くという非常に厳しい状況に置かれています。

これらの逆風が、近年の「製造原価高騰」や、特に外資系企業では直接的な「売上低下」を招き、利潤確保のために「値上げ」という手段を講じながらも、同時にどうしてもコストを削減せねばならず、結果として相対的に削りやすい広告宣伝費や販促費といった、商品を「売る」ための投資を控えるという負のスパイラルが引き起こされています。

つまり、これまで通りビジネス伸長を求められる一方で、これまでよりも「売る」ための投資が少なくなっていく、ということです。この状況においては、今までのやり方ではなく、「効果・効率」を向上させる工夫や施策が強く求められるようになるでしょう。

製造原価高騰の根源である原油価格高騰の背景には、昨今の原油生産量と需要量のバランスの悪さにあります。執筆時点の２０２３年現在では、新型コロナウイルスの感染拡大から回復しつつある世界経済において、原油需要が継続的に拡大しています。一方で供給サイドである、原油産出国で組織される石油輸出国機構（ＯＰＥＣ）は、長期的な原油需要の減少を懸念し直近の増産には後ろ向きであり、そのため需要超過が引き起こされ原油価格が高騰しています。

私自身マクロ経済学の専門家ではないため、将来を予見することはできませんが、今後も継続的な原油需要拡大と原油産出国の増産に対する後ろ向きな姿勢が続けば、原油価格はまだ高止まりするだろうと指摘する専門機関も今日時点で数多くあります。

当然想像に難くなく、この原油価格の高騰は「原材料高騰」のひとつの原因にもなっています。なぜならば、原油は精製され、その後様々な燃料として生産のための農業機械や運搬に使用されているため、サプライチェーン全体の原価の上昇を招いてしまうからです。しかしながら原油価格の高騰だけが原材料高騰の唯一の理由ではありません。

2022年には国連が「世界人口が80億人を超えた」旨を発表しましたが、世界的な人口増加が食糧需要を継続的に押し上げていることや、また地球温暖化による干ばつ、天候不順による穀物相場の上昇なども、この原材料高騰に強く影響しています。国連は「2030年には世界人口は85億人、2050年には97億人に増える見込み」と発表していますし、環境問題はすでに地球規模の長期的な課題になっており、今後も原材料高騰のリスクは常に存在し続けると考えるのが一般的ではないでしょうか。

加えて、直近の円安は、主に原材料を海外から調達しているメーカーや、外資系メーカーには非常に大きな脅威になっています。海外から原材料を仕入れる場合はドルやユーロなどの外貨で支払いをするため、日本円がドルやユーロに対し相対的に安くなればなるほど、同じ1ドルや1ユーロの原材料を調達するときにより多くの円が必要になります。つまり、原材料自体の高騰に加え、為替の影響でさらに原材料費が上がってしまうということです。

また外資系メーカーは、日本での売上額を、海外の本社拠点によってはドルやユーロ換算で計上するため、例えば昨年と同じ1億円の売上を上げても、昨年から相対的に日本円が安くなれば、外貨換算した際に、大きく売上が目減りするわけです。つまり円安は製造原価の高騰だけでなく、売上額の減少にも直接的に影響を与えるのです。

昨今の円安（ドル高／ユーロ高）は、アメリカやヨーロッパの中央銀行の政策金利が、日本のそれと比較して非常に高い水準にあることが主要因だと言われています。２０２３年４月に日銀総裁に就任した植田和男氏が、今後も低金利政策を継続するとの方針を明確にしていることから、この円安傾向が短期的に改善することは考えにくいでしょう。

このように、「ビジネス伸長を求められる一方で、これまでよりも『売る』ための投資が少なくなる」という状況を引き起こす昨今のメーカー環境の変化は、国内マーケットだけに限らず、グローバル規模の需給バランスの中でも決定されているため、短期的に解消するものというよりも、むしろ中長期的に影響が続くだろうと考えられます。もちろん時代によって、どのようなマクロの事象がマーケットにチャレンジをもたらすかは予測できませんが、今後も何らかの逆風が吹くだろうことは想像に難くありませんし、継続的に「より効果・効率の高い」工夫や施策が求め続けられることでしょう。

②小売環境変化：「商品を並べる」難易度の上昇

商品販売難易度を上昇させるふたつ目の要因が、「小売環境の変化」です。この変化が、多くのメーカーに対し、「商品をショッパーに届ける」うえで重要なタッチポイントである「店舗へ商品を並べる」ことの難易度を大きく上昇させています。
小売環境の変化といっても様々な変化が直近では起こっていますが、特に「小売業界のM&Aの加速」と「日用消費財業界におけるD to Cブランドの実店舗（オフライン）への進出」がその難易度に強く影響しています。

今や、小売業界における戦略的なM&Aは、各小売企業の継続的な成長を達成するための手段として一般化しています。特定の販売チャネルに偏った戦術としてではなく、様々なチャネルで盛んに発生しており、近年では、北陸地方を中心に展開しているドラッグストアチェーンの「クスリのアオキ」が、地場の食品スーパーを買収するなど、事業ポートフォリオの拡充のために同一チャネルだけでなく、チャネルを超えてM&Aをするケースも出てきています。この動きは、日用消費財業界に限らず、アパレル業界などでも同様です。

例えば、日本チェーンドラッグストア協会の調査［＊10］によると、2012年にはドラッグストアの企業数が「523社」であったものが、10年後の2022年では「381社」と、企業数がここ10年でおよそ3割も減少しています（**図表2―1**）。M&Aだけが理由ではないにせよ、主要因として企業の経営統合や合併が大きく影響を及ぼしていることは、ここからも見て取れるでしょう。小売間での競争が激化していく中、「自然淘汰」だけではない戦略的なM&Aも増えていることからも、今後も継続的なビジネス拡大を達成するための方法論としてますます増えていくことは間違いありません。

	市場規模（億円）	企業数	店舗数	店舗当たり売上（億円）	企業当たり平均店舗数	企業当たり平均売上規模（億円）
2012年	59,408	523	17,144	3.5	33	114
2022年	87,134	381	22,084	3.9	58	229
10年前対比	147%	73%	129%	114%	177%	201%

注）日本チェーンドラッグストア協会『日本のドラッグストア実態調査』（2022年度、2012年度）をもとに作成

図表2-1　ここ10年のドラッグストア市場の変化
小売の1企業当たりのビジネス規模（店舗数・売上）が継続的に拡大している

さらにM&Aによる企業体力の強化は、積極的な出店戦略にも寄与します。過去に積極的な出店を続けていたコンビニエンスストアのペースは近年踊り場に来ていますが、一方で例えばドラッグストアやホームセンター、スーパーマーケットなどの主要チャネルは、引き続き売上拡大を目論み、出店を強化しています。特にドラッグストア業態においてはそのペースが速く、前述の「ドラッグストア実態調査」から、2012年時点では全国店舗数が1万7144店舗だったものが、10年後の2022年では2万2084店舗と、29%増加しています。

この積極的な出店戦略も、ドラッグストア業態の継続的なビジネス拡大の一端を担っており、実際にこれら「企業数の減少」と「店舗数の増加」から、「企業当たり平均店舗数」はこの10年で2012年対比で177%に拡大し（2012年約33店舗／2022年約58店舗）、さらに「企業当たり平均売上規模」も同比201%に大きく拡大しています。

この「M&A活発化に伴う、企業当たり平均売上規模の伸長」という小売企業にとっての「好循環」は、メーカーにとっては

逆に非常に頭の痛い問題となるでしょう。なぜならば、それが小売企業サイドのバイイングパワーの強化を招くからです。いわゆる**拡大していく取引規模を担保に、バイヤーにとって好条件を引き出す交渉が盛んに行われるようになる**ということです。

実際に、各メーカーが注力せねばならない多くの大手小売企業において、徐々に取引条件も厳しくなっており、例えば、仕入れ価格の値下げだけではなく「留め型[＊11]の提供」が、そもそもの商品取り扱いのための必要条件として、メーカーサイドに提示されている、といった話も聞くようになりました。無論、M&Aを実施する目的のひとつとして「規模の経済[＊12]」の獲得はあるわけで、小売企業からすると当然のことではあるものの、今後M&Aが継続拡大することを鑑みると、メーカーにとっては商品取り扱い拡大のための難易度がますます上昇することにつながるでしょう。

小売企業における取引条件難易度の上昇に加え、さらに「店舗へ商品を並べる」難易度を増加させているのが、「D to Cブランド」の実店舗（オフライン）への進出です。これまでのD to Cブランドは、その名の通り「Direct to Consumer（直接消費者へ販売）」のブランドであり、自社ECサイトやAmazonなどのECモールでの販売が中心でしたが、近年では新たなマーケットとして「オフライン店舗」への進出を目論む傾向が非常に高まっています。ECでの圧倒的な実績を持つブランドは、直接ドラッグストアやGMSなどのマスチャネルに配荷を拡大していったり、他の多くのブランドは比較的EC顧客との親和性も高いオフラインチャネルである「バラエティストア」を足がかりにまずは展開を開始し、そこでの実績を武器に、マスチャネルに広げていくといったGo-To-Marktet戦略も徐々に浸透し始めています。

それらＤtoＣブランドのマスチャネルへの進出は、２０１０年代後半のヘアケアブランド「BOTANIST」が契機になりましたが、それからたった数年のうちに、今では女性用化粧品・男性用化粧品などの高関与のカテゴリーに限らず、日用品や食品・酒などにも当たり前に品揃えがされるようになりました。

需要側である小売企業も、昨今の厳しい競争下において少しでも他店との「価値ある品揃えの差別化」を図ることで、新規顧客の獲得やバスケットサイズの拡大を図りたいという課題感が強くなっており、それゆえに今後もさらにＤtoＣブランドの品揃えは拡充されていくでしょう。


ＤtoＣブランドのオフライン進出が、なぜマスブランドメーカーにとっての品揃えの脅威になり得るのか。それは、単に競合ＳＫＵ数が増えるというだけではなく、カテゴリーに「付加価値」の競争原理を持ち込むためです。当然オフラインに進出するＤtoＣブランド数が増えれば増えるほど、配荷候補である競合ＳＫＵ数は増加するため、棚割りにおいて自社ブランドの採用される確率は下がり、配荷難易度が上昇するというのは直感的に理解できると思います。重要なのは、それらのブランドは「付加価値商品」、つまり商品単価が相対的に高いことが多く、ＤtoＣブランドの採用が「付加価値商品によるカテゴリー拡大」という新たな競争原理をこれまでのカテゴリーに持ち込んでしまうということです。

例えば、２０１９年から２０２２年のたったの3年間で、ヘアケアカテゴリーの1品当たり平均単価は1・2倍[*13]になりました。それにより、これまで集客・売上貢献ブランドとして位置づけられていた「マスブランド」は、ヘアケアにおける低単価ブランドに成り下がり、結果としてそれらを拡売することが、小売にとってのリスク（単価の下落・売上の減少）となってしまったのです。

このように、DtoCブランドのオフライン市場での台頭は、**単なる競合SKU数増加に伴う配荷確率の低下だけでなく、マスブランドが小売企業にもたらすそもそもの提供価値の低下をも招いてしまう可能性をはらんでおり、そのため「店頭へ商品を並べる難易度」を上昇させてしまうのです。**

直近の「小売業界のM&Aの加速」と「DtoCブランドのオフライン進出」という小売環境の変化は、店頭での品揃えの難易度を確かに上昇させており、前述の背景からも、この傾向は今後も継続・拡大していくでしょう。

③消費者ニーズ多様化：従来のブランド戦略の形骸化

消費者環境の変化も、メーカーの「商品販売難易度の上昇」に強く影響していますが、この環境変化はまさに読者自身がいち消費者として体感しているものだと思います。近年でも一番大きな消費者環境の変化は、新型コロナウイルスの世界的な蔓延により2020年5月から2023年5月まで丸3年続いた「新しい生活様式」です。この環境変化は、様々な消費者ライフスタイルの変化をもたらし、その結果新たなニーズや価値観が多数生まれました。

「新しい生活様式」による消費者ライフスタイルの変化について、まずメーカーへの影響を語るうえで重要なものは、「消費者のデジタル化」です。コロナ禍ではリモートワークが促進され、オンライン会議を始め様々な業務がデジタル化されたことはいうまでもありませんが、同時に、消費者としてSNSなどのデジタル上の情報に接触することもごく当たり前になりました。総務省の調査[*14]からは、コロナ禍前である2020年1月と2022年12月を比較すると、全世代でSNSの利用率は上がっており、特に小売業の主要顧客層である40代を含む、中高年層の利用率の上昇が顕著になっています。

このライフスタイルの変化は、デジタルを活用した情報収集をこれまで以上に当たり前にし、その結果、SNSなどのデジタル上で収集した情報をきっかけとして商品を購入するといった消費行動も広がりました。特にヘアケアや化粧品カテゴリーにおいてはSNSで「バズる」商品が恒常的にシェアを獲得する一方で、マス広告を軸にマーケティングを行うマスブランドが苦戦するなど、従来の広告手法の変更・修正を強いられる状況を生み出しました。

新しい生活様式の下でより進んだライフスタイルとして、ほかにも「プレミアム消費の促進」が挙げられます。コロナ禍においては、外出や店舗での飲食機会がたびたび制限されてきました。それに伴い、逆に大きく増加したのが個人の貯蓄です。総務省の調査（2021年）［＊15］では、2人以上世帯の平均貯蓄額は前年比5・0％増の1880万円と、過去最高を記録しています。

コロナ禍では個人の貯蓄が増加することで、「消費の二極化」が促進されました。消費の二極化とは、こだわりの物には多少高くても対価の支払いを許容する（プレミアム消費）一方で、「それ以外」の物に対してはできる限り出費を抑えるといった消費スタイルです。**貯蓄の増加だけでなく、コロナ禍で余暇時間が増え、自らの趣味・興味に対する情報収集機会が増えたことも、よりこだわりが強くなるきっかけとなり、結果としてプレミアム消費が促進されたのです。**実際に野村総合研究所の調査［＊16］でも、プレミアム消費の消費スタイル構成比がコロナ禍前後比で10％近く伸長していることが示されています。

今や、新たなニーズや価値観として、ヘアケアや化粧品などの高関与商材に限らず、洗剤・柔軟剤・酒・食品といった低関与カテゴリーまでも、こだわりニーズが増えています。例えば、価格競争の激しかったポテトチップス市場において、あるメーカーが「健康志向」「こだわり素材」「濃厚な味わい」などの高付加価値ポテトチップスを発売したことで、売上を急成長させた事例なども有名です。

当然コロナ禍の新しい生活様式以外にも、今後も様々な消費者環境変化が消費者のライフスタイルの変化をもたらし、その結果として、ニーズ・価値観の変化を促していくでしょう。例えばSDGsの広がりは、「持続可能なライフスタイル」をより当たり前にし、そこから環境への配慮意識がより高まることで「人と社会、地球環境のことを考慮してつくられたモノを購入あるいは消費する」エシカル消費が促進され、その結果例えばエコ製品やオーガニック製品などのニーズが高まるかもしれません。

また、近年の「Z世代」と呼ばれる1990年代後半から2012年ごろに生まれた、新しい価値観を持った世代の出現も、大きな消費者環境の変化といえるでしょう。いまやZ世代もマーケットにおける主要な消費者になっており、彼らのライフスタイルや、その価値観にあった商品や販売手法も求められるようになってきていることは言うまでもありません。

このように様々な環境の変化は消費者のライフスタイルの変化をもたらします。そして消費者ライフスタイルの変化が、消費者ニーズや彼らの価値観を多様化させることで、ブランドの商品ラインナップや、広告・販促手法などの既存のブランド戦略をますます通用しにくくさせていきます。今後も消費者環境が常に変化し続けることは自明であり、継続的なビジネス伸長のためには、常にこの変化に対応していくことが、各メーカーに求められているのです。

④ショッパー環境変化：「手に取ってもらう」難易度の上昇

コロナ禍の新しい生活様式は、「消費者」だけでなく「ショッパー」の購買行動も大きく変化させました。その変化は、単に「店内」の行動だけに留まらず、買い物前・買い物後も含めて見られます。

ひとつ目の特徴的な変化が「買い物頻度の減少」です。コロナ禍では、外出頻度の減少から必然

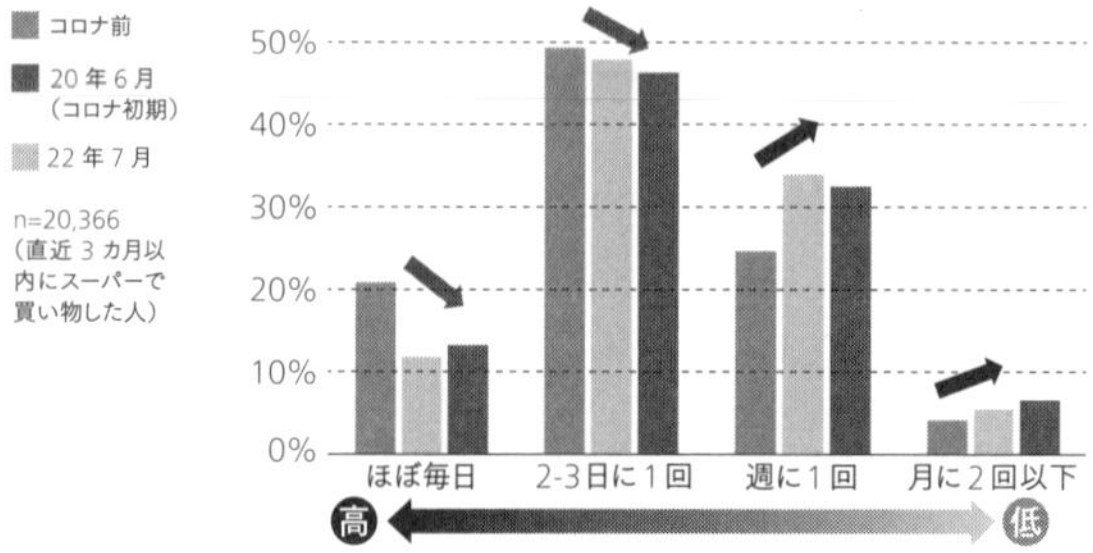

図表 2-2　スーパーに行く頻度の変化
頻度が大きく減少したことで「まとめ買い」意識が高まっている

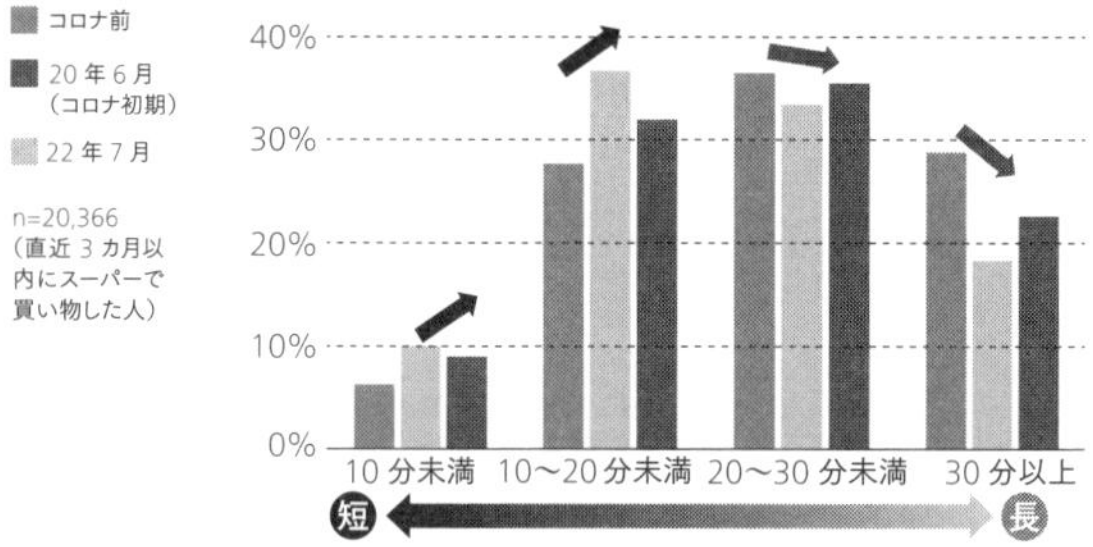

図表 2-3　スーパーでの買い物時間の変化
買い物を短時間で済ませる行動パターンが一般化した

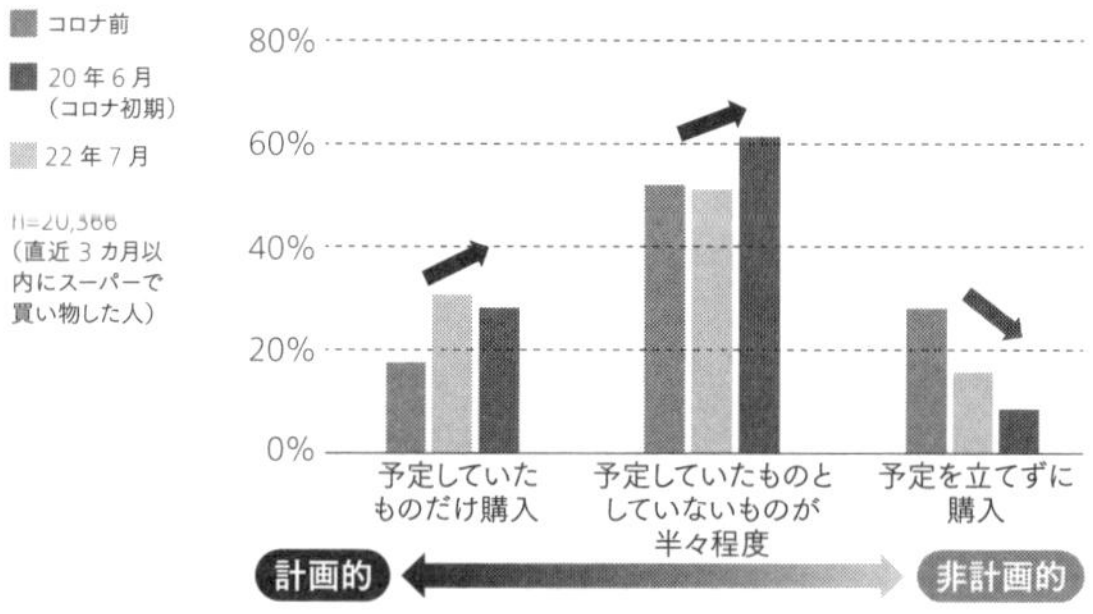

図表 2-4　スーパーでの買い物の計画性の変化
店内滞在時間の減少に伴い、買い忘れを防ぐため「目的買い」が促進された

注）TOPPAN、ONE COMPATH「電子チラシサービス『Shufoo!』、全国2万人の買い物意識調査」（2022年9月）をもとに作成

的に買い物頻度も大きく減少しました。**図表2—2**からも見てとれるように、コロナ前と比較し毎日買い物に出かけるショッパーはおよそ10％も減少しており、コロナ禍初期と比較すると微増しているものの、大きな回復は見られません。

ただ、当然生活に必要なモノ自体が同様に少なくなるわけではないため、買い物頻度の減少は、1回の買い物での「まとめ買い」という購買行動を強く促進し、その結果として**「ワンストップショッピングニーズ」という「ひとつの場所、1回のお買い物で、必要なモノをすべて買い揃えたい」というお買い物ニーズもいまや一般化しています。**

このワンストップショッピングニーズの顕在化は、ショッパーの買い物チャネルを少し変化させました。今や、ドラッグストア業態において、ドラッグストアとスーパーマーケットを複合化した「フード&ドラッグ」と呼ばれる店舗フォーマットがかなり広がってきましたが、まさにこのコロナ禍で顕在化したニーズに応える形で、拡充が進んできたのです。

そのうえ、ドラッグストア業態の利益の稼ぎ頭は「医薬品・化粧品」であるため、そもそも食品は低粗利でも提供可能で、結果的にコンビニエンスストアやスーパーマーケットよりも安く売られる食品も多数存在します。そのためショッパー自体も、もはやドラッグストアは「薬や日用品を買う場所」という認識ではなく、「薬や日用品はもちろんのこと、食品もまとめて安く買える場所」という認識をしており、食品を含めた買い物チャネルとして当たり前に利用されています。逆に言えば、これまで「食品＝スーパー・GMS・コンビニ」を前提としてチャネル戦略を組んでいたメーカーにとっては、より新たな購買習慣に合わせたチャネル戦略や品揃えを志向していかなければ、店頭でより多くのショッパーに選んでもらえなくなるリスクが出てくるのです。

ふたつ目の購買行動の変化が「店内滞在時間の減少」です。コロナ禍では、何が必要かを頭で考えながら店内をゆっくり回遊し買い物を楽しむのではなく、感染への不安から必要なモノの買い物を短時間で済ませるという行動が一般化しました。こちらも同様に、コロナ禍以前の水準までには回復していません（図表2―3）。つまり、メーカーは以前よりも「短時間の買い物の中で、着実に自社の商品を選んでもらわないといけない」ということです。

ここで押さえるべきポイントは、この店内滞在時間の減少に伴い促進された、3つ目の特徴的な購買行動である「目的買い」です（図表2―4）。買い物時間が短くなったとはいえ、必要なモノを、買い忘れなくピックアップしなければならないため、買い物がより計画的になり、逆に非計画購買の割合が大きく減少したのです。この計画購買を実現するためには、事前に十分な情報を得なければならず、ここから「事前に情報収集をする」ことも、買い物習慣として当たり前になりました。つまり必要なモノは、小売アプリやメーカーのSNSアカウントなどを積極的に活用し、事前に目星をつけるようになったのです。言い換えれば、メーカーが「いかに事前に自社商品に気づいてもらえるか」の工夫ができなければ、今後よりショッパーに店頭で商品を手に取ってもらうチャンスは低下するかもしれません。

コロナ禍をきっかけとしたこれらの購買行動の変化が、果たして中長期的にコロナ以前の行動に戻るのか、確実なことは誰も断定できませんが、私はこの変化の多くは不可逆的なものであり、今後も続くだろうと考えています。なぜならば、世の中はすでにこれら変化した購買行動を「前提」として、買い物の利便性を向上させており、逆に言えば以前の購買行動に戻ることは、すなわち改悪を意味するからです。

近くのドラッグストアでワンストップで必要なモノを安くまとめて購入するようになったショッパーが、わざわざ食品スーパーに行くでしょうか。買い物前に小売アプリでお得な情報を調べ買い物メモを作成しているショッパーが、今後アプリで下調べせず、店内掲示のチラシだけで購入の意思決定をするようになるでしょうか。実際に、コロナ禍が明けても、慣れてしまった生活様式は元には戻らないだろうとする調査結果も複数出ています。

このように、4つ目の環境変化である「ショッパー環境」の変化が、ショッパーの購買習慣や購買行動に変化を与え、結果としてチャネル戦略や、販売戦略における難易度を上昇させる結果をもたらしているのです。

ここまで4つの環境変化（①メーカー環境②小売環境③消費者環境④ショッパー環境）を見てきましたが、それらは必ずしも暫時的なものではなく、場合によっては恒常的に販売難易度の上昇に影響し得る環境変化であることは理解いただけたと思います。

「メーカー環境変化」によって、メーカーが取り得る打ち手に対する「投資の制限」「効果・効率の向上」が強いられる状況になっているにもかかわらず、**「小売環境変化」**によって、小売企業サイドの力が強化され、また競合環境も激化することで、配荷交渉が難化。さらには「**消費者環境変化**」に伴うニーズ・価値観の多様化でこれまで通りのブランド戦略が形骸化しているにもかかわらず、加えて「**ショッパー環境変化**」で店頭において自社商品を選択してもらうためのきっかけづくりも、より複雑になっています。

現在これらの状況がつくり出されています。当然この「商品販売難易度の上昇」局面において、「これまでの勝ちパターン」がそのまま勝ちにつながるわけもなく、そのため「最適な勝ち方は何か」の問いがマーケットにおいて立ち始めているのです。

販売手法の多様化とリテールメディア

直近で「勝ちパターン」が通用しなくなるふたつ目の原因は「販売手法の多様化」です。消費者環境・ショッパー環境の変化は、メーカーが実施する打ち手に対し、「新たな販売手法」をもたらしました。その代表的なひとつが「デジタルを活用した新たな小売販促」であり、最近では、より広義な定義のもと「リテールメディア」として呼称されるようにもなってきました。

デジタルを活用した小売施策自体は過去からも存在し、また一部のドラッグストア企業では先んじて販促メニューとして取り入れられていたものの、一般的な「デジタル販促施策」として当たり前に普及してきたのは2022年ごろからであるため、現時点でまだまだ発展途上の販売手法です。小売企業側からの注目も高いものの、いまだに目立った事例含め「リテールメディア」に対するリテラシーも業界全体で低く、メーカーにとって投資効果がどこまであるのかが見えにくいため、どこまでこのリテールメディアに注力すべきか、もしくはこれまでの販促手段とどう使い分けるべきかについて迷っているメーカーも多くいます。中には、小売サイドからの直接の実施依頼に対し、乗るべきなのか否かを悩んでいる方もいるでしょう。この新たな販売手法の誕生によって、「販促費用の最適な使い方」の難易度が急激に上がっています。

このリテールメディアを利用すべきか否かの意思決定が難しいのは、実施に当たって多くのステークホルダーの、様々な思惑が絡むからです。

例えば、メーカー内でリテールメディアの活用可否を検討する際には「アウト展開や追加納品がどれだけ獲得できるのか」「上層部との取り組みにどれだけ寄与するのか」などの議論がたびたび発生します。それもそのはず、メーカーにとってはまだ効果のよく見えない施策であり、かつ通常の販促メニューより「価格が高い」ことが多いことから、より確実性の高いリターンを求めてしまうのです。また同様に、小売企業内でもリテールメディアの促進を議論する際は「これまでのメーカー販促費に加え、どれだけの広告宣伝費を獲得できるのか」といった、「販売促進」だけではなく、直接的な「収益」議論も発生します。

しかしながら、リテールメディアの本質的な価値は、販促として「ショッパーの買い物体験を改善でき、売上が上がる」ことです。**これまでどうしても「小売への納品最大化」がミッションの中**

心だったメーカー営業やトレードマーケターが、リテールメディアを介して初めて小売企業と一緒に、同じ「ショッパーの購買最大化（納品ではなく店頭売上）」に目を向けるきっかけを持つのです。

各小売企業と協業し、小売ごとのショッパー理解に基づく最適なプランニングができることで、ショッパーの購買意欲が喚起される情報提供ができるようになり、その結果、購買最大化につながる価値ある販促施策となっていくのです。

今後時間経過とともに、リテールメディアリテラシーが向上し、また本質的な価値に基づく成功事例も創出されてくるでしょう。実際に一部の小売企業においては、高付加価値ブランドの新規ユーザー獲得に対する打ち手として、非常に高い効果を発揮しているようです。しかしながら現段階では、まだまだ効果について不確実性が高いため、販促手法における「新たな選択肢」として実施検討すべきか否かが非常に難しいというのが、メーカー側の本音ではないでしょうか。

加えて、消費者・ショッパー環境変化は、「新たなチャネル戦略」を検討させるきっかけも生んでいます。前述した、直近のドラッグストア業態における「フード&ドラッグ」フォーマットの拡充はますます加速することが予想され、フードメーカーにおいては、もはや無視できないこの「ドラッグストア」とどのように協業を進めていくか、どのレベルの取り組みをすべきかがこれからの非常に重要なテーマになります。

また、高付加価値のDtoCブランドの受容性が小売現場で高まっている今、DtoCメーカーは、「これまで未踏の地であったオフラインへ、どのように進出していくべきか」の、Go-To-Market 戦略の検討も始める必要性が当然出てくるでしょう。

このように、消費者・ショッパー環境変化によってもたらされた「販売手法の多様化」によって、多くのメーカーは販促手段の新たな選択肢をどう取り扱うべきかのハードルに直面しながら、加えて、食品メーカーやDtoCメーカーは、それぞれドラッグストア業態やオフラインのマスチャネルなど、**これまでに「勝ちパターン」がない領域への進出というハードルにも、今後向き合う必要が出てくるのです。**

バイヤーインサイトの変化をもたらす環境要因

「従来の勝ちパターンが通用しにくくなる」3つ目の理由が、「バイヤーインサイトの変化」です。「バイヤーが無意識的にYES／NOを決めてしまう、心理的な判断軸」であるバイヤーインサイトは、バイヤーが向き合う「ビジネス課題や困りごと」によって決定されます。

例えば、カテゴリー平均単価の急落による売上減少に困っているバイヤーは、「話題の高付加価値プレミアム商品」の採用については承諾しやすいだろうし、また人件費の高騰で「店舗の業務効率改善」が社内で強く言われている場合、店舗での販売を取り仕切る「営業部」をより強く意識した意思決定をするでしょう。当然ビジネス課題が変化すれば必然的にバイヤーインサイトは変化するのですが、それらの課題感や困りごとの変化は、これまで見てきた消費者・ショッパー環境変化が

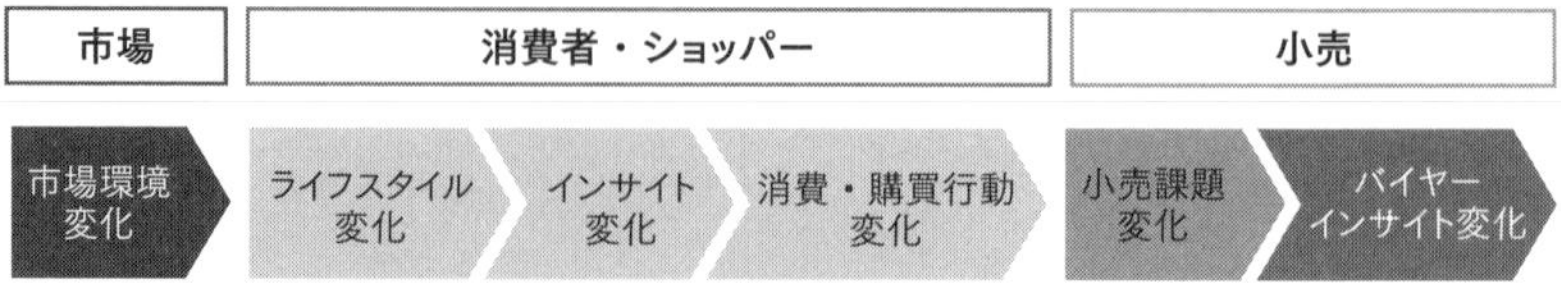

図表 2-5　市場環境変化がバイヤーインサイトの変化をもたらす
市場環境変化は、消費者ニーズの変化だけを引き起こすにとどまらない

もたらす、消費者・ショッパーインサイトの変化や、その他小売企業を取り巻くマクロ環境の変化によって引き起こされます（図表2―5）。

例えば2020年に起こった「バイヤーインサイトの変化」は、前述のコロナ禍の「新しい生活様式」によって引き起こされました。この新たなライフスタイルは、消費者・ショッパーの行動変化をもたらし、その結果として、大きなビジネス課題となる「来店頻度の減少」や「店内滞在時間の減少」を招きました。その一方で、おうち時間が増えたことで、消費者・ショッパーのデジタル化が促進されたことは、小売業界にとってはポジティブな側面と捉えて良いでしょう。

この「来店頻度の減少」というビジネス課題によって、バイヤーインサイトとしてより強化されたのが「既存顧客を囲い込みたい」や「強い来店動機をつくりたい」という無意識的な思考です。顧客の囲い込みについては、「消費者のデジタル化」や「小売アプリの一般化」も追い風となり、「小売アプリを活用した『来店前』『来店後』の接点構築により、ライフタイムバリュー（顧客が自社の利用を開始してから終了するまでの期間に、その顧客からどれだけの利益を得られるのかの指標）を最大化する」ことへの興味関心を強く抱かせました。

従来の「値引き販促」では、紙媒体である折り込みチラシを配布したところで、どれだけショッパーに見てもらえるかは不確実であり、また来店時に商品を購入してもらった時点で、そこでショッパーとの関係性は終了となります。一方で小売アプリでのクーポン付与は、事前に狙いたい顧客に直接情報を届けられ、加えて、クーポン付与により次回来店を促せる点から、ショッパーとの「継続的」な関係構築ができ、より高い効果・効率を期待できるのです。実際に、アプリを介し「お客様への情報伝達から購入」まで結びつけることができると気づき始めた多くの小売企業は、業界問わず「ショッパーとの直接的な接点構築」を意識したビジネス拡大を着実に進めており、アパレル企業なども含め、業績に結びつく事例も多く出てきています。

当然、値引き販促は依然として主力の販促メニューであることには間違いありませんが、これらの狙いから、これからのバイイングにおいては自然とデジタルを意識せざるを得ない状況となることが想定され、どの顧客に何の情報を届けることで購買につながるのかなど、「アプリ施策を活用したブランド育成」を前提で取り組んでいただけるメーカーを選ぶ機会も増えるでしょう。

また、「強い来店動機をつくりたい」というインサイトは、「他店との差別化を図りたい」という欲求となり、それがバイイングの意思決定に強く影響します。「小売環境の変化」でも前述しましたが、昨今「留め型」の作成が促進されたり、DtoCブランドの限定的な取り扱いが加速したりしているのは、まさにこの志向がひとつの要因となっているでしょう。

さらに2022年ごろからは、あらゆるコストの上昇が、バイヤーインサイトに大きな変化をもたらしています。前述のコスト要因に加え、「人手不足」がそれに拍車をかけています。

今や、小売業界は深刻な人手不足に悩んでおり、例えばドラッグストアでは、その範囲は薬剤師に留まらず、店舗における従業員にも及んでいます。「小売環境の変化」でも前述の通り、現在小売店舗数は継続的に拡大しており、従業員の需要はさらに上昇していますが、その店舗を運営するための人材確保が困難なことから「賃金上昇」への対応を迫られ、それがコスト全体を押し上げる要因になっています。人件費の上昇のほかにも、原油高からくる「光熱費の上昇」や「物流費の上昇」、ほかにも建築資材の上昇なども含め、小売企業はあらゆるコスト増への対応を強いられているのです。

これらコスト増に対しては、各小売企業の喫緊の重要課題として、例えば「折り込みチラシからアプリへのシフト」や、「店舗DXの促進による業務効率化（セルフレジなど）」など、積極的な対策が講じられていますが、これらの「経営アジェンダとしてのコスト増への対策志向」がバイヤーの意思決定における判断軸にまで影響しているのです。

これまでのバイイングにおいては、売買差益である粗利がバイヤーの主な検討事項であり、販管費に対してそこまで強い意識は働いていなかったものの、現在では小売企業内の「コスト意識志向」によって、物流費や光熱費、人件費などのコスト増を無意識に勘定しバイイングをすることも増えたと聞きます（**図表2―6**）。それが「安易に価格を下げられない」という意識につながり、結果として「安売り商材のプッシュだけでなく、（高く売れる）価値ある商品を推進したい」というバイイングの判断軸を強化しています。消費者側の「消費の二極化」も後押しし、高単価ブランドの取り

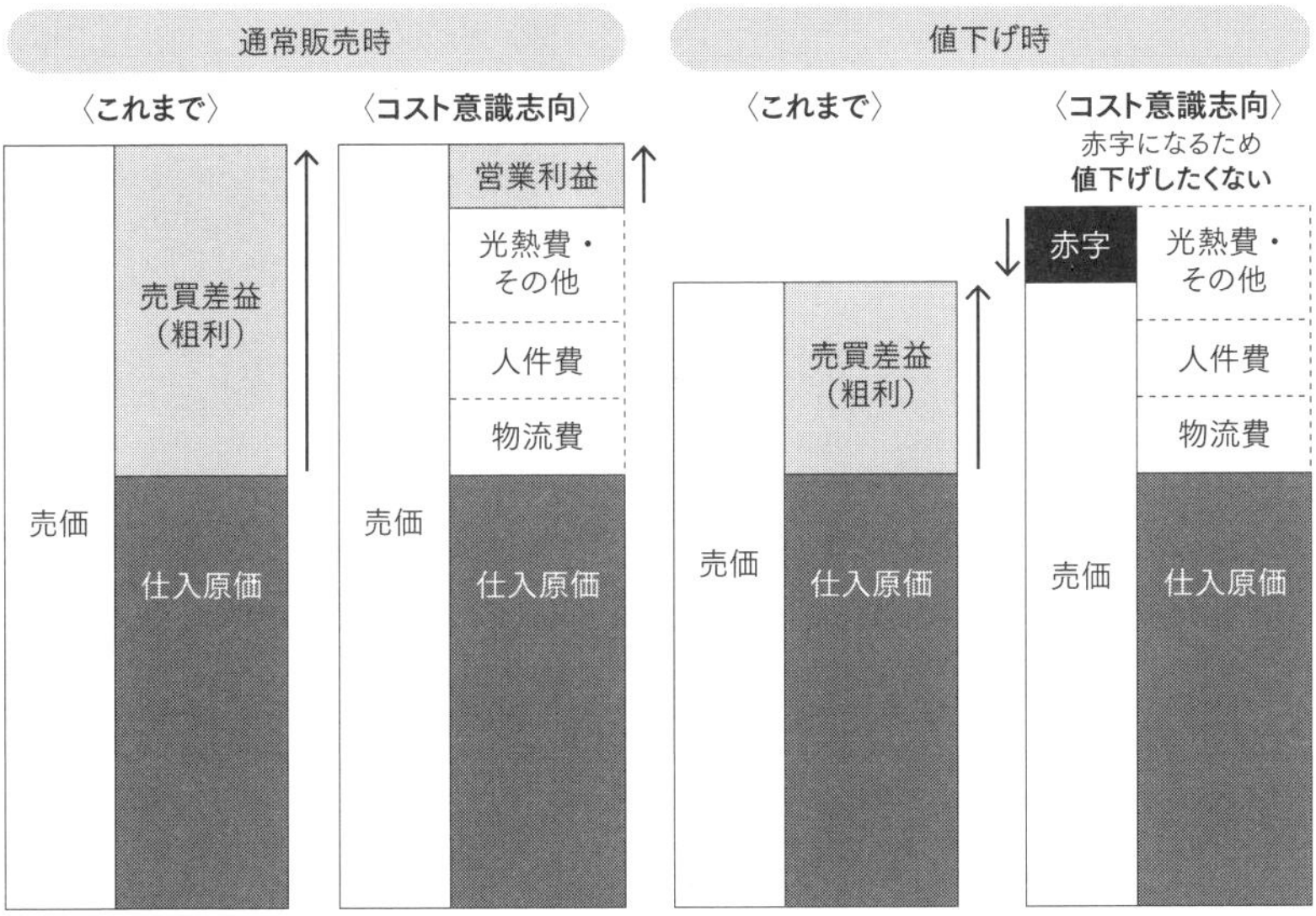

図表 2-6　バイヤーインサイト変化の一例
これまで粗利だけを検討事項としてきたバイヤーが販管費も意識するなど、
コストについての意識が変わりつつある

扱いなどが増えるひとつの要因として、このバイヤーインサイトの変化が寄与しているのです。

また、コスト増への対応から「店舗業務効率の改善」はほぼすべての小売企業にとっての最優先課題になっていると言ってもいいでしょう。この社を挙げた「業務効率の改善」志向も、バイヤーインサイトとして「店舗オペレーションの負荷が大きいか否か」を商品取り扱いの意思決定判断軸として無意識に強く検討するきっかけとなっています。例えば、大がかりな棚割りの変更や、営業部（店舗を管理する部署）が嫌悪する過度な納品や企画は「YES」と判断しにくくなっているでしょうし、一方で、例えば「什器と商品が一体となった、同梱企画品」などは、店舗のオペレーション負荷も非常に少なく、採用しやすくなっているのではないでしょうか。また売り場づくりに対するサポート（例：ラウンダー）を提供することも、提案内容自体に承諾をもらいやすくなる要素となるはずです。

このように、コロナ禍だけでなく、様々なマーケット環境の変化が、常に小売企業の課題を変化させ、それがバイヤーの無意識なYES／NOの判断軸である「バイヤーインサイト」を変化させるのです。つまり、**これまでYESの判断をもらっていた4C領域（配荷・価格・棚割り・店頭販促）に対する提案であっても、今後の環境変化によっては、採用されなくなる可能性がある**ということであり、これが、直近で「これまでの勝ちパターン」が通用しにくくなっている3つ目の要因です。今後の環境変化は、例えばすでに顕在化している少子高齢化や2024年問題［＊17］以外にも、様々な潜在的な変化が待ち受けていることは間違いありません。その変化がビジネス課題を引き起こした時、これまでとは別の戦い方を求められ続けることになるのです。

経験に頼ったプランニングは今すぐやめよう

ここまで、現在マーケットにおいてどれほど大きな環境変化が起こり、それがメーカーにとってどのようにビジネス難易度を上昇させ、結果として、なぜ「これまでの勝ちパターン」が通用しなくなるのか、について詳細なメカニズムを見てきました。

すでにご理解いただいていると思いますが、その背景には常に、マーケット環境の変化に影響された「消費者・ショッパーのインサイトや行動の変化」があります。そしてそれが小売のビジネス課題を変化させ、さらにバイヤーインサイトを変化させることで、過去の成功例がますます通用しなくなってくるのです。

トレードマーケティングは、特に、これらの環境変化による「消費者・ショッパーインサイトの変化」や「小売課題の変化からくるバイヤーインサイトの変化」を常にタイムリーに捉え、「小売企業にとっての、自社商品の価値は何か」「どのようなプランを実行することで、その自社商品価値を発揮すべきか」「どのようなセリングストーリーで、その価値を小売企業に伝えるべきか」などを、流通戦略に基づき実行していくマーケティング領域です。

近年特に大きな変化が急激に起こったからこそ、従来の販促施策を中心とした過去の成功例の焼き増しが一気に通用しなくなり、「バイヤーにYESと言ってもらえる最適な実行プランは何か」など、様々な問いに対する答えを強く求められるようになってきたのです。まさにこれが、昨今トレードマーケティングの価値やニーズが高まっている本質的な理由です。

もはやマーケットの環境変化は、大小の差こそあれ今後も常に発生しつづけ、それが消費者・ショッパー・バイヤーのインサイトに変化をもたらします。その状況下で、店頭4C領域の改善による「フィジカル・アベイラビリティの向上」をミッションとして担うトレードマーケターが、過去の「経験則」に頼ってプランニングをしてしまっては、今後も店頭で勝ち続けられるわけがありません。いかなる環境変化にも対応し、常に勝てる流通戦略を構築するためには、バイヤーインサイトを常に捉え、これまでの経験則プランニングからインサイトベースプランニングへシフトしていくことが必要不可欠となります。

これは、もちろんトレードマーケター職に就いている方には本書を通して必ず体得いただきたいですが、同時に、営業部署の方やブランドマーケター、広告会社、卸売企業にとっても、今後向き合うであろうビジネス構築難易度を少しでも軽減するためには、非常に有用な思考となります。

本章の最後に、なぜトレードマーケター以外の職種がトレードマーケティングを理解すべきなのか、また実践することでどんな課題を解決できるのか、について見ていきます。

なぜトレードマーケティングを理解すべきなのか

トレードマーケティングの思考方法は、トレードマーケターだけではなく、様々なステークホルダーにとってメリットがあります。この思考に非常に親和性の高い「メーカーの営業部署」での活用方法については第7章で詳述しますが、ここでは小売企業のビジネス推進を強力にサポートしている「卸売企業」のセールス、ブランドの企画部門である「ブランドマーケティング」、ブランドマーケティングをサポートしている「広告会社（総合広告会社含む）」において、どのように効果を発揮するのか、課題とその解決への活用方法を軸に見ていきましょう。

①卸売企業セールス

メーカー営業以上に、俯瞰して幅広い商品の価値を考えられる役割を持っているのが卸売業です。日本の多くの卸売業は、複数のメーカーの商品を取り扱い、それを複数の小売企業へ卸しています。ひとえに卸売業といっても非常に多くの役割を担っており、例えば物流機能（商品の仕入れ・納入）ひとつをとっても、食品の鮮度管理や期限管理、消費財の改廃など高度な次元での商品の取り扱いを求められるし、ほかにもメーカーのキャッシュフローを円滑にする金融機能（商品が消費者に届く前に、卸店が仕入れた時点で現金に変えてくれる）や、メーカーが直接カバーできないエリアの小売企業への販売機能（メーカーの代理で販売してくれる）など、付加価値は多岐にわたります。加えて卸店セールスという現場観点では、バイヤーの右腕として、メーカーからくる様々な情報を集約し、バイヤーの企画立案を助けるビジネスオペレーションのハブとして非常に重要な役割を果たしています。

卸店セールスの強みは、その「客観性」にあります。複数のメーカー商品を取り扱い、どこのメーカーに肩入れすることなくバイヤーと同じ視点で「カテゴリー伸長のためには何をすべきか」を客観的に判断できる立場にあるため、本来卸店セールスのカテゴリーマネジメント観点での「提案」は小売企業にとっては非常に有益なものになり得ます。ただ現実には、小売企業の販促企画自体がメーカーからくる提案に依存していることも多いため、卸店セールスは「受け身」的に、メーカーから来る情報の取りまとめ役に終始したり、商品供給にかかる業務や、バイヤーの代わりにメーカーと条件交渉をすることなどが優先され、なかなかカテゴリー成長のためのアイデアを思考することは難しいでしょう。トレードマーケティング思考は、この課題解決に役立ちます。

メーカーの営業部門と比較し卸店セールスのアドバンテージは、小売企業と非常に近い距離だからこそ得られる「小売課題やショッパーの精緻な理解」です。確かにメーカー営業部門の意思決定で行われる「販促費」の使い方を自らコントロールすることはできませんが、トレードマーケティングはまさにこの小売課題やそのインサイト理解から、最適な戦略や戦術を導くものであり、具体的に卸店セールスの立場でいえば、**「どんな目的」で品揃えをすべきかや、「どんな目的」でメーカーに販促費を活用した施策を構築してもらうかなど、その課題解決に向けた大目的となる「販促指針を能動的に示すこと」がまさにその実践例となるでしょう。**カテゴリーマネジメントのような各論まで提案せずとも、この課題解決に向けた「指針づくり」だけでも、間違いなくこれまで以上にビジネス伸長に寄与するし、その結果、より価値あるパートナーとして小売企業とさらに深い関係性を築けるようになるはずです。小売課題やインサイトの整理の仕方については、次章で見ていきます。

消費者に直接向き合っているブランドマーケターも、このトレードマーケティング思考は無関係とはいえません。なぜならば、ブランドマーケターの構築する「対消費者」のマーケティングプランを「どのように言語化するか」が、その後のフィジカル・アベイラビリティの改善にも大きく影響し、ひいては、ブランドシェアの拡大に強力に寄与するためです。

②ブランドマーケティング

ブランドマーケティングは「メンタル・アベイラビリティを向上させること」をミッションとして、消費者インサイトに基づき、ブランド戦略や様々なマーケティングプランを策定・実行しています。同時に、これらの消費者志向の企画が、実際には営業現場におけるセリングに直接強く影響を与えていることはいうまでもありません。例えば、「大量のテレビCMが、店頭展開の獲得に有利に働く」ということを耳にしたことがあるマーケターも多いのではないでしょうか。しかしながら、すべてのブランド施策が商談上の武器になるとは限りません。実はブランドマーケターが構築するこれらのブランドキャンペーンやマーケティングプランが、果たして強力な商談ツールになるか否かは、バイヤーインサイトと非常に密接に関係しているのです。

よくある悩みとして、「消費者には明確に評価されているものの、営業から『新商品や、そのプランが弱い』と言われている」や、「デジタルを中心とした大規模なメディア投資をするにもかかわらず、商談時に営業が売り込んでくれない」など、ブランドマーケターが「十分だ」と思っているものが、結果的に不十分だと言われたり、商談時に活用されないといったことが多々あります。これが起こってしまう根本原因は、それらのブランドキャンペーンやマーケティングプランの「言語化の甘さ」にあるのです。

なぜ営業現場では、「大量のテレビCMでは店頭展開が獲得できるのに、大量のデジタル広告では獲得できない」のでしょうか。この答えは、第5章で詳述しますが、ブランドマーケターが策定するマーケティングプランにおいて、商談の場で武器になるものとそうでないものの大きな違いは、一言でいうと「バイヤーインサイトに沿って伝えることができているか否か」にあります。言い換えれば、まったく同じマーケティングプランであっても、伝え方ひとつで、皮肉にもバイヤーの受け入れ性が大きく変化するということです。また、仮に商品力の弱いブランドであっても、バイヤーインサイトに合った正しい言語化さえできれば、しっかりと営業現場で売り込んでもらうことが十分可能になるのです。

トレードマーケティング思考を体得することで、ブランド戦略や具体的なマーケティングプランの、バイヤーインサイトに沿った正しい伝え方ができるようになるでしょう。そして**その言語化は、ブランド施策を「強力な商談ツール」として営業に提供することを意味し、その結果フィジカル・アベイラビリティ向上、ひいてはブランドシェアの拡大に強力に寄与するのです。**

③広告会社

彼らブランドマーケターの非常に心強いパートナーとしてブランド育成を助けているのが、電通や博報堂などの大手を含む「広告会社」であり、そのパートナーの方々にとっても、トレードマーケティングが価値あるものであることは言うまでもありません。

広告会社は、ブランドマーケティング担当者から提示されたブランド戦略やメディア戦略に基づき、ブランド育成のための具体的な実行アイデアのプランニングを担うことが多いため、まず前述の「どのように言語化をすべきか」の実現においても、「なぜこの商品なのか？　なぜこのプランなのか？」などの消費者インサイトを補完する重要な役割を持っています。

加えて、近年はメーカー環境の変化により「より売れる」施策を求められるようになってきていることから、必然的に「ショッパー起点のデジタル広告」や「小売のデジタル施策」が、今後「広告」提案領域に求められてくることは間違いありません。

当然ながら、ショッパー起点のデジタル広告や小売のデジタル施策をプランニングするとなれば、小売課題やインサイト、ショッパーについての知見は不可欠です。例えば、「バイヤーはデジタル施策に何を求めているのか」については、小売企業のカテゴリー課題を同じ目線で捉えられない限りは分からないし、「なぜその施策や訴求内容で『売れる』のか」については、小売企業のショッパー理解がなければ言語化できません。

トレードマーケティングはまさにこれらを構造化して理解することを前提としているため、この思考を得ることが、**体系的な小売・ショッパー理解や「売れる」プランニングケイパビリティの構築につながり、またゆくゆくは、現在まだアプローチできていない、いわゆる「販促費用」への提案機会の足がかりになるかもしれません。**

第2章では、「トレードマーケティングが必要とされる理由」について、マーケット環境の変化やその中で光るトレードマーケティングの価値、また小売業界に関係する各ステークホルダーにとっての有用性の観点から見てきました。

第3章からは、トレードマーケティングをどのように実践すべきか、具体的な「4つの実践」を通じて理解していきます。

＊10　出典：一般社団法人日本チェーンドラッグストア協会『日本のドラッグストア実態調査』（2022年度、2012年度）

＊11　留め型／小売とメーカーが協業してつくる、その小売でしか売れないオリジナル商品のこと。小売ブランドであるプライベートブランド（PB）とは異なり、あくまでナショナルブランド（NB）の傘下でつくられる

＊12　規模の経済／事業規模が大きくなればなるほど、単位当たりのコストが小さくなり、競争上有利になる効果のこと。また、小売の仕入規模が大きくなれば、メーカー側のコストメリットが生まれるため、それを仕入原価やその他販促費に反映させようとする意図が働く

＊13　出典：週刊粧業【消費者アンケート調査】シャンプーの使用状況（2022年）

＊14　出典：総務省「情報通信メディアの利用時間と情報行動に関する調査報告書」（令和元年・令和3年）

＊15　出典：総務省家計調査報告（2021年）

＊16　出典：野村総合研究所「生活者1万人アンケート調査」（2021年）

＊17　2024年問題／2024年4月1日以降、自動車運転業務の年間時間外労働時間の上限が960時間に制限されることによって発生する問題の総称。労働時間が制限されることで、ドライバー不足や、それに伴う物流コストの上昇が懸念されている

第3章

実践1

小売（バイヤー）インサイトを理解する

すべてはバイヤーインサイト理解から始まる

第1章・第2章を通じて、「トレードマーケティングとは何か」「なぜトレードマーケティングが必要とされるのか」について見てきましたが、第3章からは、いよいよトレードマーケティングの「実践編」に入っていきます。

トレードマーケティングを実践できるようになると、具体的にどんな効果を享受できるでしょうか。第1章で、トレードマーケティングとは「流通業（小売業・卸売業）やショッパー（購買者）を対象とし、ビジネスバリューチェーンや売場基点での自社商品の需要拡大を実現すること」と表現しましたが、簡単に言い換えれば「トレードマーケティングを体得・実行すると、いかなる商品であっても、これまで以上に店頭4C領域（配荷・価格・棚割り・店頭販促）でバイヤーからサポートを得やすくなり、結果として売上を拡大できる」ということであり、これが非常に価値の高い、トレードマーケティング実践のメリットです。

ひとえに「トレードマーケティングの実践」と言っても単に小手先のテクニックをお伝えするのではなく、第3章から第6章にかけて、トレードマーケティングの本質から具体的な思考の枠組みまでを広く体系的にお話しします。それらを包括的に理解することで、どんなブランドであっても、

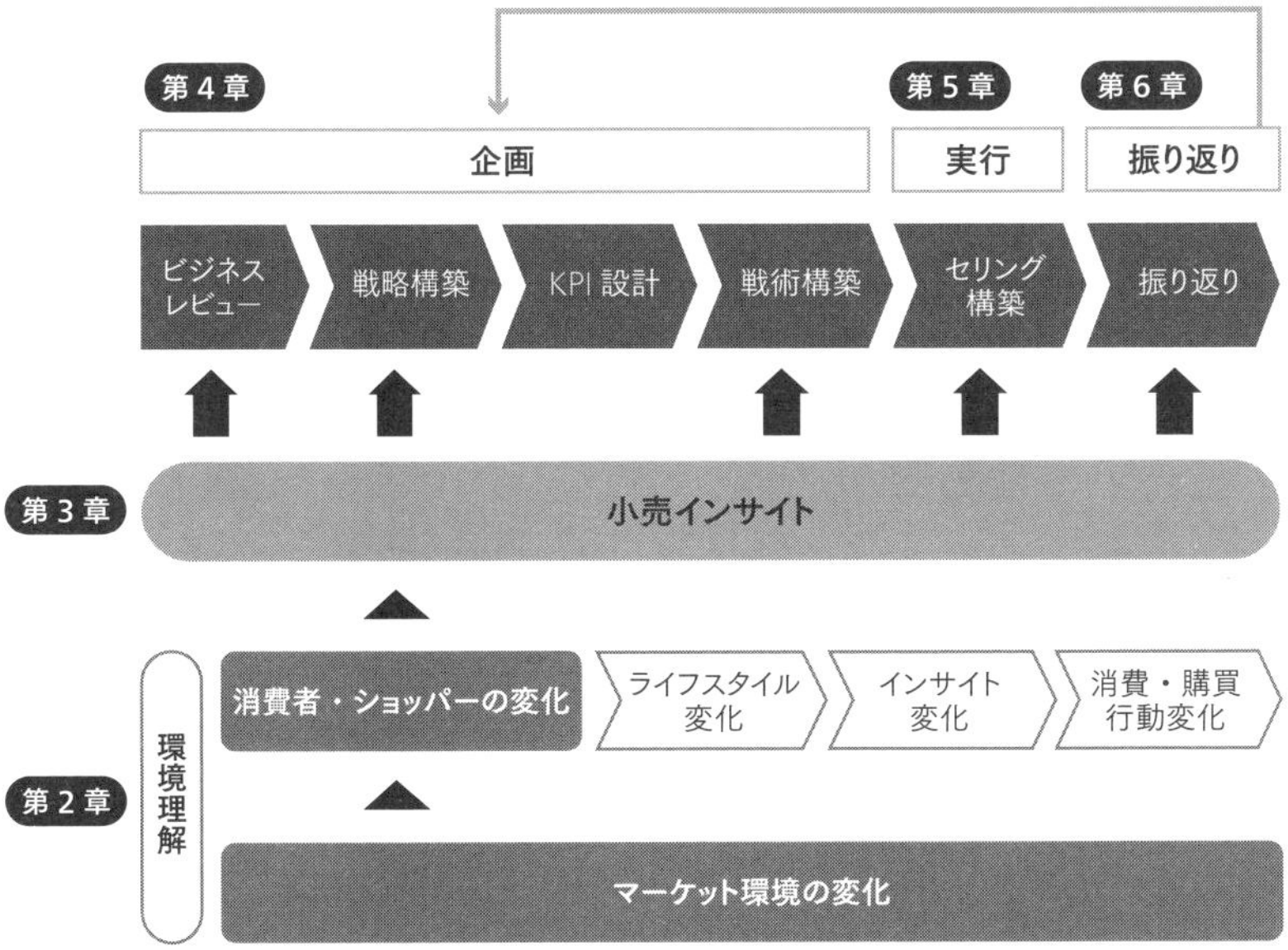

図表 3-1　トレードマーケティング実践の全体像
「小売インサイト」が、ほぼすべてのトレードマーケティングの実践に応用される

またどんなシチュエーションであっても、読者自身が、自らの手でトレードマーケティングを実践する方法を身につけられることでしょう。

まず第3章では、トレードマーケティングの本質から学んでいきます。トレードマーケティングの本質とは何か、それは「小売インサイトの理解」です。商品の販売に至るまでのバリューチェーンには、バイヤーが所属する商品部や、営業部、販促部など、様々なステークホルダーが存在するため、小売インサイトも幅広く存在しますが、本書では特に4C領域全体の最適化を担う「バイヤー」のインサイトを中心に見ていきます。

図表3―1に「トレードマーケティング

実践」の全体像を図示していますが、第1章でお伝えした通り、マーケティングは「インサイトを言語化、定量化し、戦略・アイデアによって売れる仕組みをつくること」であることから、すなわち「バイヤーが無意識的にＹＥＳ／ＮＯを決めてしまう、心理的な判断軸」であるバイヤーインサイトの深い理解が、トレードマーケティングのすべての出発点になるのです。まず、「なぜバイヤーはあるブランドをサポートしたいと思うのか」を起点に、インサイトを深掘りします。

なぜバイヤーは、あなたのブランドをサポートしたいと思うのか

読者の皆様も日々のお買い物の中で様々な商品を目にすると思いますが、どんなブランドや商品が店頭でサポートされているでしょうか。また例えば、まったく知らないブランドや、ニッチなニーズに対する商品などの展開も目にする機会があると思いますが、それはなぜでしょうか。

よく、「小売から手厚いサポートを得られるブランドや商品はどういうものか」と問うと、「シェアがNo.1の商品」という回答を得ることがあります。もちろんこれもひとつの重要な要素であることは間違いありませんが、必ずしもこれが、サポートを得るための唯一無二の「絶対的な指標」ではない、と私は断言できます。

もし仮に「シェアNo.1」が絶対的な指標であれば、そのブランドや商品は、ほぼすべての小売店舗において、同じレベルでサポートされ続けているはずですが、実際のところそうはなっていない

でしょう。また、売上実績のない「新商品」であっても、発売時から非常に強力なサポートを得られることだってあるし、前述の「ニッチ商品」が大々的に店頭で展開されていることだってあるでしょう。

ほかにも、同じ質問への回答として「利益貢献度の高い商品」と答える方も多くいますが、こちらも同様に、店頭レベルを鑑みるに必ずしもそれが絶対的な指標ではないと思います。むしろ、利益貢献度の高い商品であっても、定番売場での展開のみに終始しているブランドすらあります。実は、どういった商品が店頭でサポートされるのかは、バイヤーインサイトによって決まっているのです。では、「バイヤーインサイト」とは具体的に何なのでしょうか。

「なぜバイヤーは、あるブランドを贔屓したいと思うのか」

それは、「『売りたい』と思えるし、かつ『売れる』と信じられるから」であり、この**【「売りたいか」「売れるのか」】が、トレードマーケティングのすべての本質である、「バイヤーの隠れた無意識的な判断軸」となる「バイヤーインサイト」**です。

バイヤーの意思決定は、常にこの「売りたいか」「売れるのか」のふたつの判断軸で「無意識的」に下されます。どちらか一方ではなく、これら「双方を同時に満たす」ことが、あるブランド・商品をサポートしたいと思える、必要条件となっているのです。

前述のシェアNo.1商品を考えてみましょう。シェアNo.1ということは、「売れるのか」については実績が証明しておりすでに満たされていますが、「売りたいか」については必ずしも満たされているとは限りません。例えばその商品の「利益性」が非常に低く、当該商品の拡売によって、他の商品が売れなくなることでカテゴリー全体の利益額が縮小する場合、手放しで全面的にサポートすることはできないからです。また、単価が著しく低い場合も同様で、相対的により単価の高い他ブランドとのカニバリ[＊18]によってカテゴリー全体の平均単価下落・売上低下を招く恐れがあるため、すべてのブランドを優先してその低単価のシェアNo.1商品をサポートすることはないでしょう。

小売商談でのメーカーのセリングにおいては、商談資料への「数多くの売れる根拠」とともに「売れるのか」の説得に偏重しがちであり、「売りたいか」に対するコミュニケーションが欠けていることがよくあります。そのため、「シェアNo.1」が唯一無二の絶対的な指標に思えたり、逆にシェアが低いブランドは「サポートしてもらえないだろう」と、端から諦めてしまう営業マンが散見されてしまうのです。

仮にシェアが低いブランドであっても、バイヤーにとって何らかの強い「売りたいか」の動機が存在し、かつそれなりに「売れる」と思える根拠が揃っていれば、必ず店頭サポートをもらうことが可能です。だからこそ、実際にそれほど有名ではない商品であっても、賑やかに店頭を飾ることもあるのです。

もちろん、「売りたいか」を満たすだけでも不十分です。例えば私が「利益性の非常に高い高単価シャンプー」を発売したとしましょう。後述する「売りたいか」の要素のひとつに「利益目標の達成」もあることから、それをミッションのひとつとして担っているヘアケアバイヤーは、その潜在的な提供価値（利益貢献）から「売りたい」と思えるでしょう。拡売すればするほど、ヘアケアカテゴリーの利益額が伸長するからです。その一方で、もし私が「非常に自信のある新商品のため、今回のマーケティングプランは口コミ促進だけで勝負します」と伝えれば、おそらく「売れるのか」を信じることができず、結果としてバイヤーから店頭サポートを得ることは非常に難しくなるでしょう。

このように、バイヤーの無意識的な意思決定は、バイヤーインサイトである「売りたいか」「売れるのか」のふたつの判断軸でなされているのであり、どんなブランドであっても、店頭を継続的に強化するためには、常に双方を満たすことが求められます。

ご注意いただきたいことは、この「売りたいか」「売れるのか」については、売上や利益に関連することに限らず、多くの経済的要素やビジネス観点が含まれているということです。それらの多くを多面的に正しく把握し、「バイヤーにとっての自社商品価値」を適切に定義することがトレードマーケティングの実践において重要です。

加えて注意すべき点として、第2章で細かく見たように、この「売りたいか」「売れるのか」の判断軸は、マーケットの環境変化によって常に変化していくということです。例えば執筆時点で、バイヤーの中で、よりコスト意識が強まることで、「営業部」への負担が大きいものはより「売りたくない」志向に変化していますし、また今後は「売れるのか」を信じられる根拠のひとつに、「デジタル販促の活用」も加わってくるであろうことは、前章でも触れた通りです。

ここまでくれば、過去小売企業からの受容性の高かった施策を繰り返す「経験則プランニング」が成功パターンとして通用しにくくなるメカニズムをより直感的に理解できるのではないでしょうか。「売りたい」と思えるバイヤーの動機は、その時々の小売企業の課題感やマーケット状況によって変化するし、また「売れる」と思える根拠も、消費者・ショッパーの変化に伴い、当然変わるはずだからです。

つまり、トレードマーケティングを実践するということは、

- 小売環境を俯瞰し、常に「売りたいか」「売れるのか」の変化をタイムリーに捉える
- バイヤーインサイトに基づき、戦略・戦術構築、セリングストーリー構築、振り返り、のサイクルを回し続ける

ということです。現状のブランドシェアいかんにかかわらず、いかなるブランドであっても、継続的な店頭サポートを得られるか否かは、担当ブランドの流通戦略責任者としてトレードマーケティングの実践をできるか否かにかかっているということなのです。言い換えれば、その実践さえ徹底

できれば、どんなに平凡なブランドにおいても、継続的に店頭を強化することができるということです。

ここからさらに、具体的に「売りたいか」「売れるのか」にはどんな経済的要素やビジネス観点が含まれるのか、またどのように満たせばいいのか、を見ていきます。

売りたいか：あなたの商品は、小売やバイヤーの課題を解決してくれるのか

結論から先にお伝えすると、バイヤーが「売りたい」と思えるかは、その「提案」が、バイヤーの「困りごと」を解決してくれる期待感を持てるかどうかにかかっています。つまり、シェアNo.1の商品や、高利益貢献ブランドを後押ししてくれるのは、バイヤーにとっての最優先の困りごとに「担当カテゴリーの売上・利益予算の達成」に対する課題が存在するためです。しかも販売実績の申し分のない商品であれば、前述の通り「売れるのか」については折り紙付きであるため、積極的にサポートしやすいのです。

言い換えれば、仮に売上・利益ともにすでに大幅に達成されており、それらに対する課題感がまったくなければ、「シェアNo.1」や「高利益貢献」などの実績は、優先度としては最重視されなくなるということです。当然、「シェアの大きさ＝消費者ニーズの大きさ」であるため、No.1商品についいて

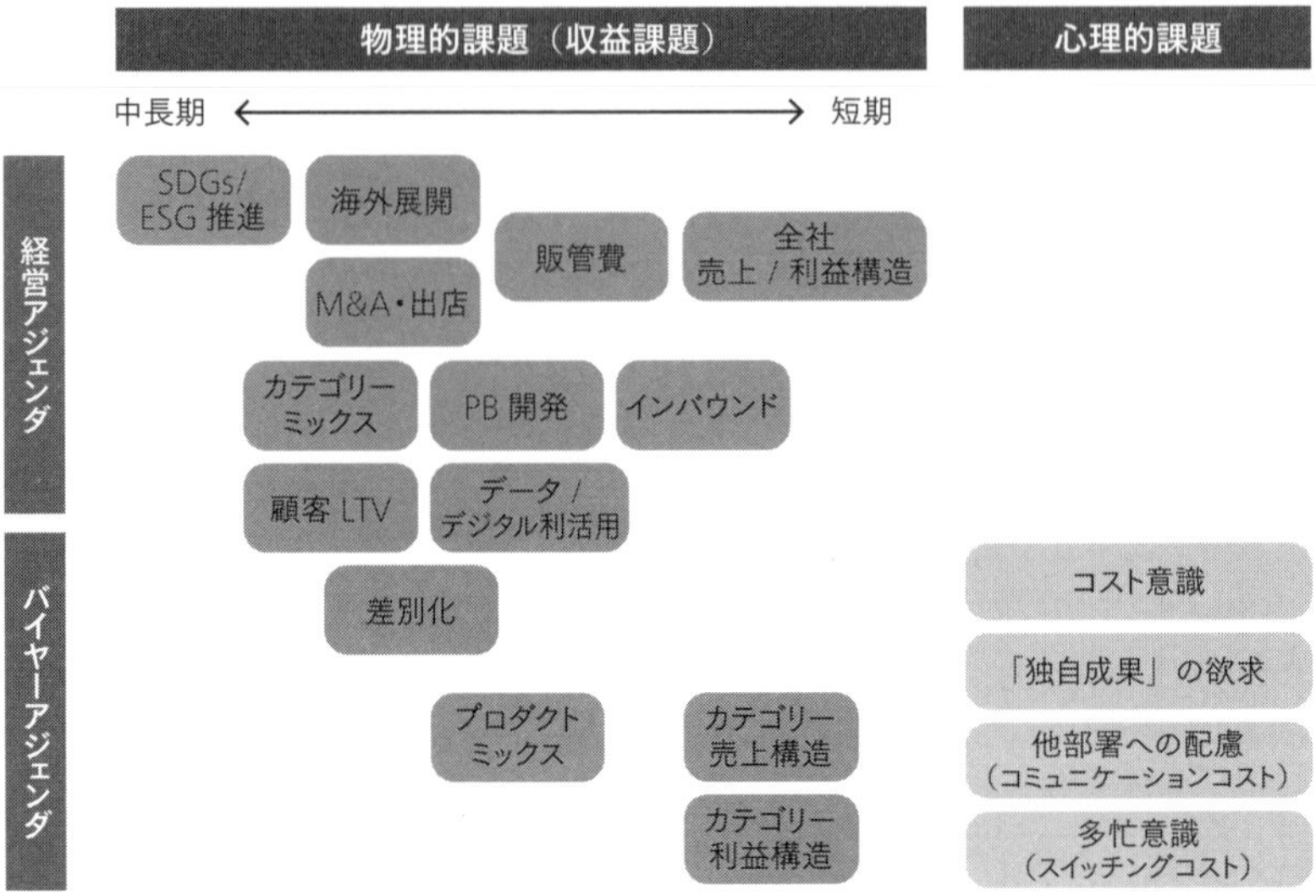

図表3-2　「売りたいか」の動機：物理的課題と心理的課題
バイヤーの「売りたい」動機は、収益課題にとどまらず、多くの心理的課題にも非常に強く影響されている

のサポートがまったくなくなることはないでしょうか、その他の「売りたい」と思える商品を暫定的に注力するなど、店頭サポートの変化は間違いなく生じるはずです。

「バイヤーにとって『売りたい』と思える商品は何か」の問いには、「売上・利益が稼げるもの」という回答を得ることが多いと前述しましたが、「売りたいか」を言い換えるならば「バイヤー課題解決への期待感があるか」であることから、改めてバイヤーにとって、そもそもどんな課題が存在しているのかについて、客観的に広く考えてみましょう。

図表3―2は、よく見られる小売課題を広くまとめたものです。まず縦軸に「誰

にとってのアジェンダ[＊19]か」をとっており、ここでは経営的観点での課題感と、バイヤー（カテゴリー）観点での課題感を区分しています。また、横軸に「課題の種類」を挙げており、「物理的課題」と「心理的課題」を分け、物理的課題としては、ここでは直接的な収益目標達成に関する課題を時間軸で整理しています。

各企業や各担当者によって様々な課題感が存在するため、すべてが網羅できているわけではなく、また個々の課題の配置においても解釈の余地は存在するかと思いますが、重要な点は、小売にとっての課題とは、収益といっても短期的な「売上・利益」だけに限らず、また、レイヤーによっても大きく異なるということです。課題を文字でまとめると当たり前だと認識されるかもしれませんが、これらの課題が、実は小売のバイイングにとって大きな意思決定軸のひとつになっており、そのため、本来この客観的な課題把握が、流通戦略・プラン構築や、ＰＤＣＡにおける本質である、と聞くと、ハッとする方は多いのではないでしょうか。

相対するステークホルダーによって、どの課題感が動機付けに寄与するかは当然異なります。例えば「ＪＢＰ[＊20]」のような経営レイヤーと合意をしていく提案であれば、より上部の課題が「売りたいか」の動機につながります。特に昨今、販管費の上昇が経営の大きな逆風となっていることから、例えばサプライチェーンマネジメントによる物流費軽減のための協業や、環境配慮をアジェンダとした協業などは、ＪＢＰ合意に向けた強い動機になり得るでしょう。

逆に、ブランドを軸とした取り組みになれば、当然のことながらその意思決定者である「バイヤー」の課題およびインサイトが、強い動機付けとなります。トレードマーケティングは基本的に「ブランド」の拡大を担う役割を持っているため、主にバイヤー課題に向き合いながら、プランニングを進めていきます。

バイヤーは常に「カテゴリー視点」で考えている

図表3―2のバイヤーアジェンダ（課題）に着目してみましょう。まず、やはりどのバイヤーにとっても一番大きな課題感は物理的課題である「カテゴリー売上・カテゴリー利益を上げたい」であるため、それらを深く見ていきます。

この「売上・利益を上げたい」という最大の課題に対する解決への期待感は、「売りたいか」のバイヤーインサイトを強力に刺激できるものの、課題感をバイヤーと同じ目線で正しく捉えられるか否かで「売りたいか」の強さも変わってくるため、まず「売上・利益」についてのバイヤーの視界を改めて正しく理解することが重要です。

ひとえに売上といっても、**図表3―3**にあるように、様々な構成要素の掛け算でできており、ある特定のカテゴリーを担当するバイヤーは、この売上構造を**図表3―4**のようにカテゴリー軸で捉えています。

どこまで細かく各要素を認識しているかは、当然バイヤーによって異なりますが、特に「カテゴ

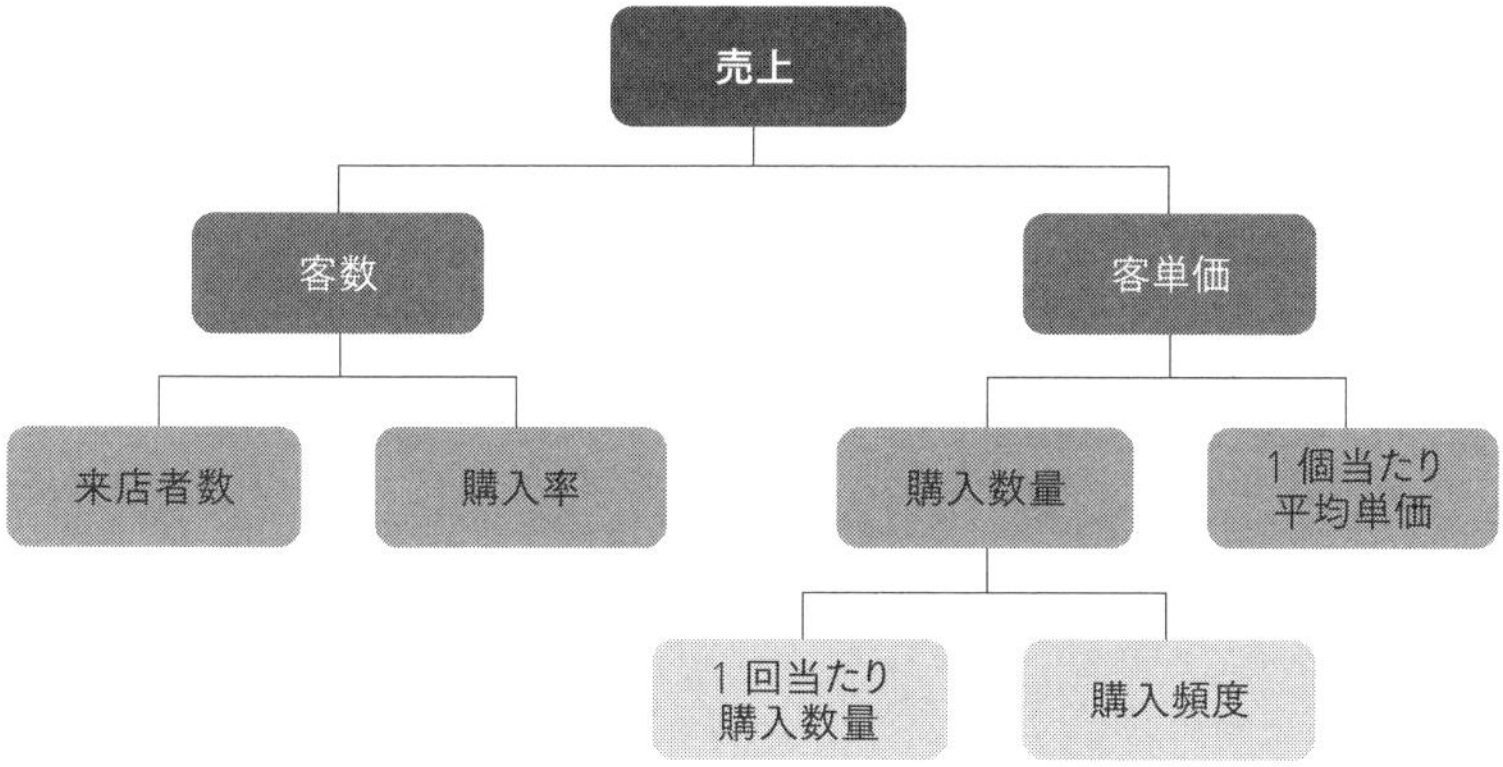

図表 3-3　売上を構成する要素

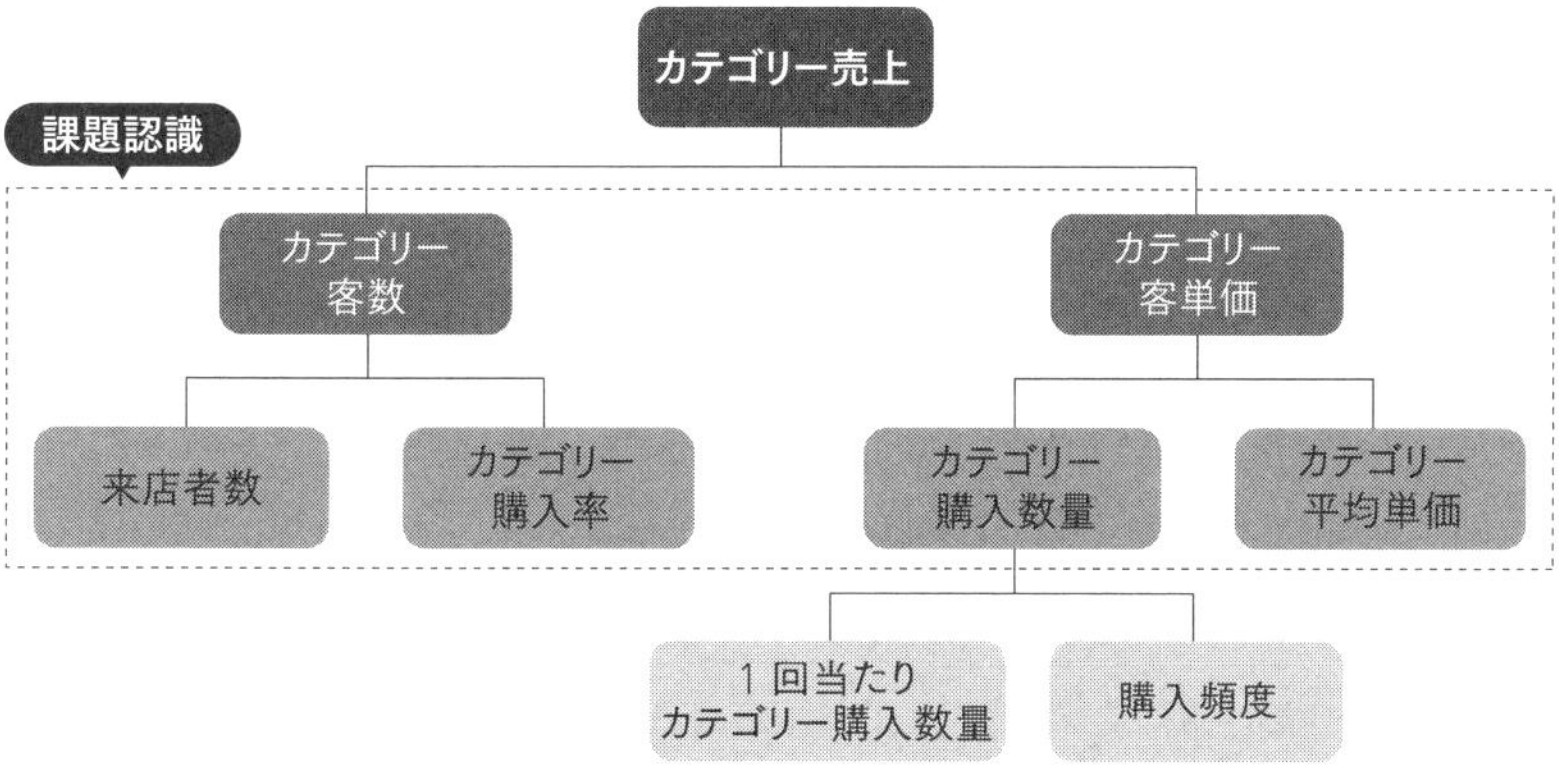

図表 3-4　カテゴリー軸で捉える売上構造
売上課題は、単に売上自体の課題感というよりも、「客数」「客単価」の課題として無意識に解釈している

リー客数」「カテゴリー客単価」については、どのバイヤーも無意識に想起し、それらを売上増減の根拠として、施策の意思決定をしています。つまり重要なのは、「売上を上げたい」という漠然とした課題は、単純な「売上自体」への課題感というよりも、その強弱はあれど「無意識的」に、**売上の構成要素である「カテゴリー購入率」「カテゴリー客数」「カテゴリー客単価」や、さらに場合によってはその下の「来店者数」「カテゴリー購入数量」「カテゴリー平均単価」に紐づく課題感として存在している**ということです。

しかも当然のことながら、これらの課題は「ブランド単体」ではなく、あくまで「カテゴリー全体」視点での課題であり、例えば、あるブランドの拡売によってそのブランドの購入数量が伸びたとしても、カテゴリー全体で数量の伸長が見られなければ、それは売上課題の払拭にはならないということです。

- バイヤーにとっての「売上」は、ブランド売上ではなく「カテゴリー売上」である
- カテゴリー売上の課題感とは「売上それ自体」ではなく、「カテゴリー客数」「カテゴリー客単価」の課題感である

つまり、売上課題に対する「売りたいか」を満たすためには、

・「カテゴリー客数」「カテゴリー客単価」が上昇するかもしれない、という期待感を醸成する必要があるということです。そのため、いくら「ひとつのブランドの拡売提案」をしたとしても、それが「カテゴリー客数」「カテゴリー客単価」の上昇につながるという期待が持てない限り、「売りたい」という判断にはならないのです。

だからこそ、「弊社〇〇ブランドの拡売」の提案をバイヤーにとって「売りたい」と思ってもらうためには、

・カテゴリー客数（もしくは、来店者数・カテゴリー購入率）
・カテゴリー客単価（もしくは、カテゴリー購入数量・カテゴリー平均単価）

の各売上要素において「どの売上レバーを、なぜ改善できるのか」を戦略やアイデアとともに明確に提示し、「カテゴリー客数」「カテゴリー客単価」改善への強い期待感を醸成することで「売りたい」というモチベーションを上げなければならないのです。

具体的な実践方法については第4章・第5章で詳述しますが、より感覚的な理解を助けるため、先

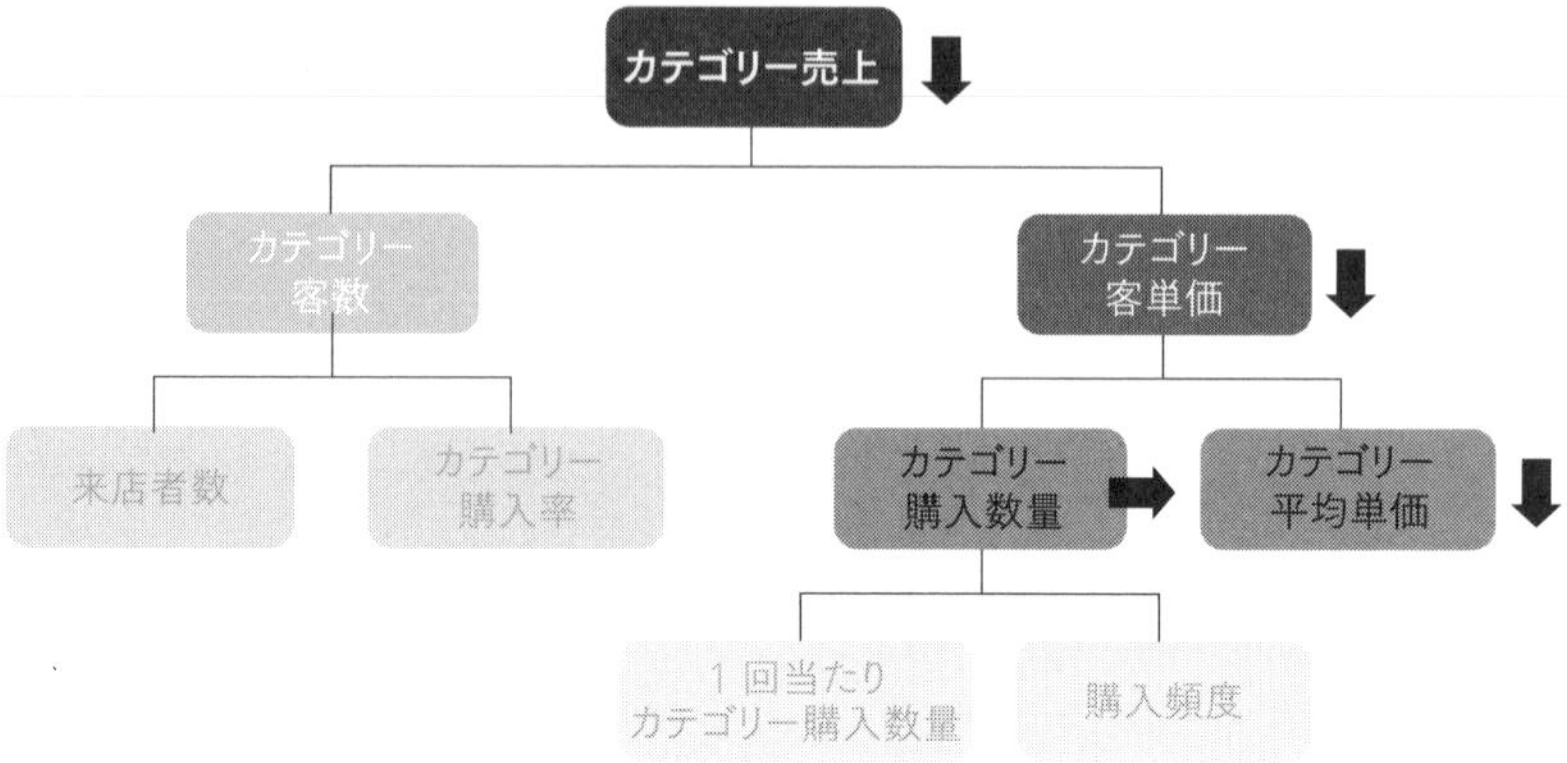

図表 3-5　バイヤーはカテゴリー売上が伸びるかを考える
特定ブランドの売上が伸びても、カテゴリーの購入数量が伸びず、
むしろカテゴリー全体では売上を下げてしまうこともある

に挙げた「単価が著しく低い」No.1シェアブランドを例にとって考えてみます。

このブランドの「アウト展開獲得」を目指し、バイヤーに「ブランドの売上拡大が期待できる」ことをアピールポイントとして売り込んだとします。この場合、おそらく手放しで強力なサポートを得るのは簡単ではないはずです。なぜならば、**図表3―5**に照らし合わせて考えると、当該ブランドの購入数量は伸びたとしても、全体の「カテゴリー購入数量」は他ブランドとのカニバリによって増減せず、逆に低単価の当該ブランドが伸長した結果「カテゴリー平均単価」を低下させ、そもそも「カテゴリー売上」が伸びないどころか縮小するリスクすらあるからです。それをバイヤーは無意識的に瞬時に判断し、「客単価が下がりそうだから、やりたくない」と表現するのです。ではこの時どのように「売りたいか」を強化することができるのでしょうか。

先の要素で捉えると、このブランド拡売提案が「どの売上レバーを、なぜ改善できるのか」を示すことで「売りたいか」は動機付けされるでしょう。例えば、

「弊社ブランドのアウト展開により、『カテゴリー購入率』の改善が期待できる。なぜならば、認知度の高いNo.1シェアブランドだからこそ、多くのカテゴリー未利用者が店頭でそのカテゴリー自体の存在に気づいてくれるから」

と、「店頭でのカテゴリー認知醸成施策」とともに提案してみます。するとこれまで「カテゴリー平均単価」の低下のみに着目していたバイヤーが、カテゴリー購入率上昇による「カテゴリー客数」の増加への期待感を持てるようになります。その結果、売上予算達成のためのひとつのＨｏｗとして、当該ブランドを「拡売する意味」を見出せるでしょう。

また仮にバイヤーが「カテゴリー客単価」に特に強い課題感を持っていることが分かったとします。その場合は、ブランドの価値を「客単価」改善に即した形で成形し提案してあげることで、さらに「売りたい」というモチベーションは高まるでしょう。例えば、

「No.1シェアだからこそできる『まとめ買い企画』を組み合わせることで、『カテゴリー平均単価』の低下以上に『カテゴリー購入数量』増加に寄与できる」

という提案です。これにより特に強い課題感である「客単価」の改善に向けた期待が醸成され、より一層あなたのブランドをサポートする意味を見出してくれるでしょう。

なお、このアプローチは、シェアが小さなブランドであっても同様に有効です。小規模既存ブランドや新興ブランドは、カテゴリー全体への売上規模が相対的に小さいため、バイヤーのマインドシェアは低く、**無意識的に「カテゴリー客数」や「カテゴリー客単価」の改善効果は低いと決めつけられており、そもそも「売りたいか」は弱くなりがちです。**しかしながらこれらのブランドでも、正しく客数・客単価への貢献を戦略やアイデアとともに示すことで、「売りたいか」を刺激することができます。なぜならば、どんなブランドでも、「性年代軸」や「便益別セグメント軸」などに売上分解してみると、カテゴリーに対する客数・客単価改善に向け、他のブフンドにはできない／他のブランドより強力な価値を発揮できる場所がきっとあるからです。また、前述の例と同様に、バイヤーの特定の悩みどころへの解決方法を定義できると、ここからさらに「売りたい」というモチベーションを上げることも可能でしょう。

例えばあなたのブランドは、「カテゴリー全体のブランドシェア自体は低いが、特に若年層の認知率とシェア、ロイヤリティについては非常に高いブランド」であるとします。実際に新興ブランドにはこういったブランドが多くあります。

この時例えば、「弊社ブランドを拡売すれば、『若年層』の『カテゴリー購入率』が改善し客数が拡大する。なぜならば、弊社ブランドの若年層の認知率は高く、実際に○○カテゴリーの利用きっかけブランドになっている」のようなストーリーの下、若年層向けの新規利用キャンペーンを提案します。するとバイヤーの「売りたいか」の想いを、これまで以上に醸成することができるでしょう。なぜならば、シェアで判断すると小さいと思っていたブランドが、「若年層の新規顧客獲得」においては、それなりのビジネスインパクトを抱えているポテンシャルに気づくからです。

またもしバイヤーにとって、客数ではなく特に「客単価」課題が強ければ、このブランドの価値を「客単価」に即して再定義し、「弊社ブランドを拡売すれば、『若年層』の『来店頻度や購入頻度』を上昇させ、客単価が拡大する。なぜならば、ブランドロイヤリティが非常に高いため、同一店舗での購入が継続するから」と言い換えることもできるでしょう。

相対的に小さなブランドの課題は、その売上規模から前述の通り「『客数』『客単価』への改善効果は薄いだろう」と決めつけられていることであり、ここを正しい定義や、戦略・アイデアの下、そのブランドが持つ「ユニークな価値」に気づかせてあげることで、期待感やサポートする意味をしっかり見出してもらうことができるのです。

他の主要な物理的課題のひとつとして、カテゴリー利益構造についても簡単に触れておきましょう。バイヤーの捉える「利益」には「粗利」と「割戻」が存在し、粗利は売買差益とも呼ばれる「売上金額×粗利益率」もしくは「売上金額－仕入金額」で算出されるものであり、割戻はいわゆる「リベート」とも呼称される、仕入れや売り上げた商品やサービスの量に応じて一部を返金するものを指します。

この「粗利」「割戻」の予算目標を一括で管理するか別々で設定するかについては各小売企業によって異なっており、仮に割戻予算が別建てされている場合はそこに対する課題も「売りたいか」の動機になり得るかもしれませんが、いずれにせよ、当然バイヤーの利益源泉は圧倒的に「粗利」であるため、大前提として「売上増加によりいかに売買差益を最大化するか」が、常に利益構造にかかる最優先の検討事項となります。

なお「割戻」については、原則として「多くの商品の仕入れが伴う」施策であり、在庫コントロールを誤るとその後逆に損失（廃棄や返品）につながる可能性もあるため、恒常的に手放しで受け入れられるものではなく、別建てで目標設計されていない限り、一時的な利益対策として認識されている、と理解しておいたほうが自然でしょう。

粗利を拡大するためには

- カテゴリー売上を増加させる
- カテゴリー粗利益率を改善する

のふたつの打ち手があり、またカテゴリー粗利益率を改善するためにも、さらに

・高利益商材の売上構成比を高める
・単品利益率を改善する（仕入れ価格を下げる or 販売価格を上げる）

のふたつの打ち手があります。この中でも最優先は「カテゴリー売上を増加させる」ことであるため、利益課題に対する「解決への期待感醸成」については、基本的に前述の「カテゴリー売上構造」課題への対応方法と同様です。

加えて、「高利益商材の売上構成比を高める」方法論を提示することも、利益課題に紐づく「売りたいか」の醸成には有効です。

前述の「カテゴリー売上課題」はマーケットのトレンドに直接影響されるため市場全体の共通課題として捉えやすい一方で、どんな利益課題があるかは企業規模や各社商品戦略により異なるため、どうしても個別の企業課題になりがちです。その中でもこの「いかに高利益商材の構成比を上げられるか」はマーケットトレンドと連動した共通課題になりやすく、全体最適のための戦略・プランニング構築をするトレードマーケティングだからこそ、広く「売りたいか」の強化に貢献できる取り組み課題となるでしょう。

ここまで物理的課題に基づく「売りたいか」強化の視点を詳しく見てきましたが、当然、実際の営業現場では、ここまで深く理解せずとも「弊社の○○ブランドをアウト展開すれば、売上が上がります」だけで「売りたいか」が満たされ、店頭展開の合意ができることも多々あるでしょう。しかしそれは**バイヤーが無意識的に「カテゴリー全体」に対する「客数」「客単価」へのプラスのインパクトを頭の中で自動変換し、おのずと期待感を抱いてくれているから**であり、もし正しく自動変換されなかった場合は、先の例でも見たように「客単価が下がるからやりたくない」のような意思決定に帰結してしまう恐れがあります。だからこそ、4C領域におけるブランドの全体最適を司るトレードマーケティングの実践においては、こういったインサイトに基づく、営業現場のボトムアップでは気づきにくい客観的なビジネス把握が求められているのです。

意思決定に影響を及ぼすバイヤーの心理的課題

改めて**図表3—2**を見ると、バイヤーは収益課題だけでなく、心理的課題も抱えていることが見て取れます。多くの小売企業において、バイヤーが所属する「商品部」の性質上、高い責任と、社内外で多くのステークホルダーと向き合う必要があり、多くの心理的負担があるためです。売上・利益予算の達成に全責任を負っているバイヤーとしては、当然「物理的課題解決への期待感」が「売りたい」のベースにはなりますが、**実はこの心理的課題も、「売りたい」もしくは「売りたくない」のマインドに大きく影響しています。**

各小売企業の組織構造にもよるため一概にはいえませんが、例えば「他部署への配慮」については、店舗での実行責任を持っている「営業部」に対する配慮が意思決定に影響することが多いといわれます。特に、販管費の継続的な上昇から「店舗業務効率化」を経営課題に掲げる小売企業も多くなっており、直接的にバイヤー個人の評価には関わらなかったとしても、必然的にこの「配慮」が無意識に行われるのです。

- 店頭在庫を増やさないか（旧品在庫が残っていないか）
- オペレーションは簡単か（業務効率を悪化させないか）
- 商品供給は十分か
- 企画は複雑ではないか

従前よりバイヤーは非常に多忙な仕事ですが、近年はさらに、コンプライアンスの強化から、各メーカーとの「商談記録」のような細かい業務も増え、より一層大小様々なタスクに追われています。その状況下で、営業部から発生する問い合わせは、多大なるコミュニケーションコストとなりかねないため、企画の分かりやすさや、安定供給など、営業部のKPIになっていないものも含め、できる限り営業部がスムーズに実行できるよう、これら様々な「無意識的な配慮」が意思決定に影響しているのです。これらを考慮すると、例えば、「新商品発売時に、売場立ち上げのラウンダー[＊21]を派遣する」「販促物と商品が初めからセットになったセット品をつくる（段ボールから取り出すだけでOK）」などのプランをトレードマーケターが用意するだけでも、インサイトベースの提案となり、その結果「売りたいか」を強化することにつながるのです。

もうひとつ着目すべき心理的課題に、「独自成果の欲求」があります。独自成果の欲求とは、『私がこれをやった』という成功例を、社内でつくりたい」という欲求です。

バイヤーの実績は、どうしても市場のトレンドからは逃げられません。つまり、市場自体が活況な時は、それほど大きな工夫がなくとも市場の成長とともに担当カテゴリーの売上は拡大していくし、一方で市場自体が縮小している時は、いくら努力をしても、なかなか前年実績を維持することすら難しくなります。そのため、分かりやすい自らの直接的な成果として、他の人と違う「独自の成功例」をつくりたいモチベーションが生まれやすいのです。

メーカーにおいて小売企業の営業担当経験のある方は、「上層部の○○さんは、××の導入をした人だ」や「××の施策は○○さんから始まった」のような、特定の人に紐づく成果を耳にすることも頻繁にあると思いますが、まさにこういったインサイトが影響しているのです。もしかすると、昨今のDtoCブランドの取扱い拡大も、その「独自成果への期待感」も手伝って、加速しているのかもしれません。

そのほか、心理的課題の「コスト意識」もバイイングの意思決定に影響を与えるということは、前章でも触れました。例えば、業務効率改善や販管費削減が経営アジェンダとして強くなればなるほど、これまで本来意識していなかった「コスト増」を無意識に勘定したバイイングスタイルに変化し、例えばそれが「価格を安易に下げることへの抵抗感」の醸成から、「より価値ある商品の販売」

を渇望する志向に変化したりするのです。

ここまで、バイヤーがなぜ「売りたい」と思えるかは、その提案が「困りごとを解決してくれるかも」という期待があるからであり、その課題感は売上・利益以外にも様々な観点が存在することを確認しました。この「売りたい」を満たすことが意思決定における重要なバイヤーインサイトのひとつだからこそ、前述した無意識に想起してしまう「カテゴリー売上構造」の課題把握や、さらに心理的負担からくる「心理的課題」へも配慮した店頭展開提案ができれば、シェアの大小にかかわらずいかなるブランドにおいても必ず、バイヤーにとって「サポートする意味」を見出すことができるのです。

しかしながら、実際にその提案にＹＥＳと言ってもらうためには、「課題解決への期待感」だけではなく、その期待感が「確信」に変わらなければなりません。つまり、自社ブランドの拡売提案を実際に受け入れてもらうためには、**困りごと解決への期待感に加え、その期待が実現することの「確実性」、言い換えれば、間違いなくその商品が「売れるのか」の実感も、同時に満たさなければならない**ということです。

売れるのか：ショッパーが店頭で手に取る理由を言語化する

「売れるのか」を簡単に表現すると、バイヤーにとってその商品が「売れると信じるに足る理由があるか」ということです。

バイヤーの困りごとの多くは、「何を売るか」などの意思決定だけで解決するものではなく、その意思決定の後、実際に商品が「売れる」ことで初めて解決します。先に見た「カテゴリー売上構造」の課題でいえば、商品が売れることで初めて課題となる売上レバーが改善するし、例えば「独自成果の欲求」も、「これを売る」という意思決定で解決するのではなく、意思決定した商品が売れて初めて成果となることは言うまでもありません。

だからこそ、ふたつ目の重要なバイヤーインサイトとして「売れるのか」が存在し、課題解決への期待感と、その実現の確実性の実感が伴って初めて、ブランドをサポートしたいと思えるのです。

「売れるのか」については「売りたいか」と異なり、多くの営業現場において、個々の提案内容にYESをもらうための無意識的なコミュニケーションとして、常に実践されています。「売れるのか」の証明は非常にバリエーションに富んでおり、おおよそ、

- 商品力（商品自体の売れる証明）
  - ◦特徴的な便益や、品質、成分・味などの優位性など、商品の強み
- 企画力（手法の売れる証明）
  - ◦マーケティング（テレビＣＭなどの施策の量や、タッチポイントの網羅性など）の強み
  - ◦販促（売価や販促企画の魅力など）の強み

に区分され、それを軸に「配荷の拡大」や「アウト展開／プロモーション」の獲得などを目指すでしょう。しかしながらこの証明は、非常に属人的で言語化されておらず、結果的にここが、いわゆる「営業力」などと抽象的に一言でまとめられてしまう要素になっています。これでは全体最適として「売れるのか」に対する正しいアプローチはできません。ついては、正しく「売れるのか」を証明するための方法を見ていきたいと思います。

商談現場での「売れるのか」の証明方法を客観的に想像した際、おそらく真っ先に想起されるのは「商品や企画の充実度」ではないでしょうか。「この商品には新しく希少な〇〇の成分が入ったから売れる（商品力）」「大量のテレビＣＭを投下するから売れる（企画力）」などの商品への十分な打ち手が存在することを根拠とする証明方法です。これはどの商談においてもよく聞かれる会話であり、営業の皆さんがごく当たり前に無意識にコミュニケーションできている代表的な内容です。

そもそもシェアの大きなメジャー商品や、過去からの経験で効果が上がることが分かりきってい

る企画などについては、この訴求だけでも「売れるのか」の確信は持てるでしょう。ただ、実績が不安定なブランドや新商品、また新たに取り組むマーケティング・販促企画においては、この「十分な打ち手の存在」を示すだけでは不十分です。そこで重要となるのが「ファクト（実績）の提示」です。

ファクトの提示は、必ずしもすべての提案において実践されているものではなく、この有無がいわゆる営業力を分岐するひとつの要素となるでしょう。例えば、「○○でNo.1受賞や、○○アワードを獲った（商品力）」「他店でこれだけのシェアをとっている（商品力）」「過去○○の施策をやった時に売れた（企画力）」など、売上に関わるファクトと提案内容を紐づけることで「売れるのか」を信じてもらう方法です。まだ世の中で取扱いが多くなく、また認知も高くない新興ブランドなどは、まさにこういった「他店での実績」に言及することで、「売れるのか」の証明を強化することができるでしょう。

またファクト自体も、直接的な売上だけでなく、新商品などであれば例えば「消費者調査で○○%の消費者が買いたいと答えた」「○○%のお客様がニーズを持っていた」などの定性的な実績も、「売れるのか」の証明方法のひとつとなり得ます。

しかし、残念ながらこの「ファクトの提示」も万能ではありません。そもそも商品や企画自体へ懐疑心が強ければ、「都合よく切り取った実績だ」とも解釈されてしまうし、またその提示する売上実績の環境いかんでは「○○の環境だったから売れた」のようにも解釈できてしまうためです。

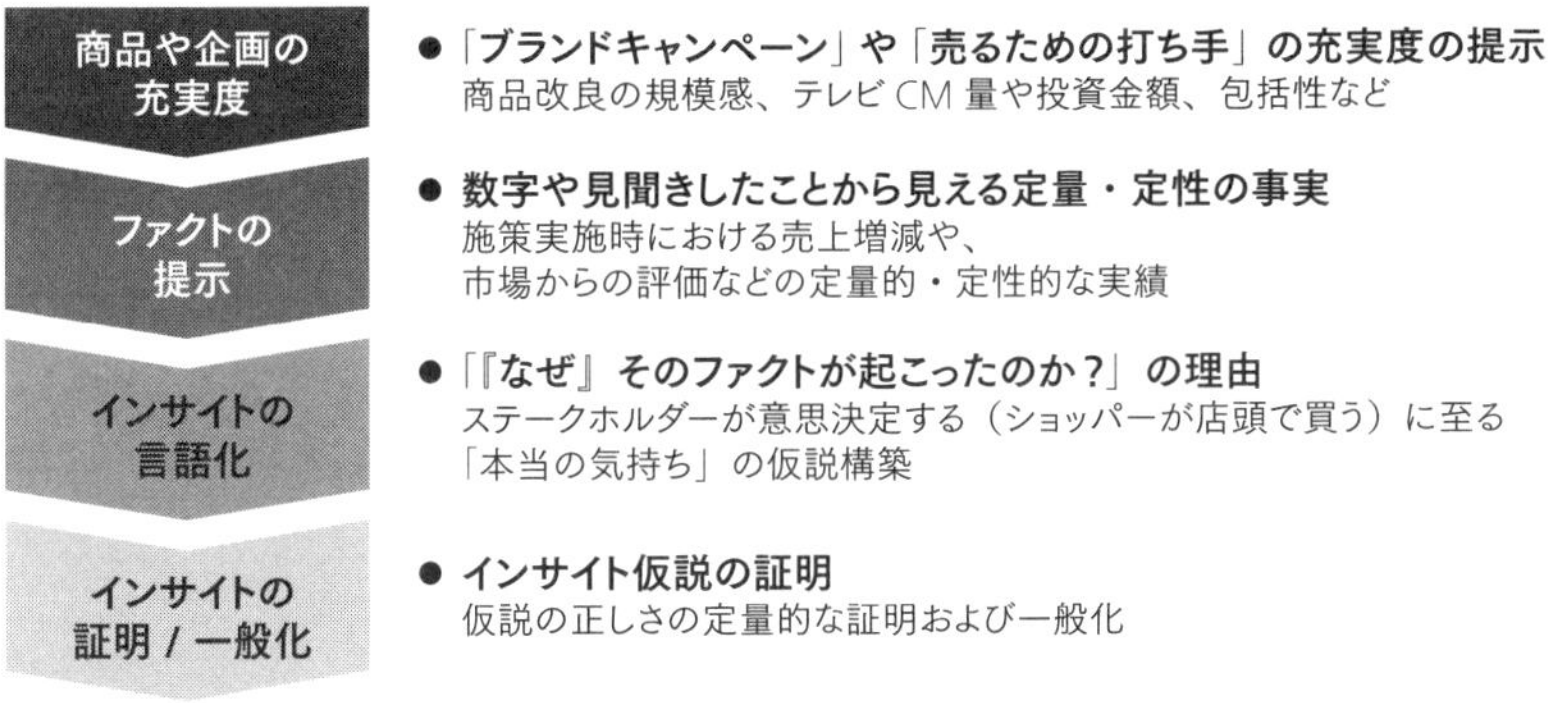

商品や企画の充実度	● 「ブランドキャンペーン」や「売るための打ち手」の充実度の提示 商品改良の規模感、テレビCM量や投資金額、包括性など
ファクトの提示	● 数字や見聞きしたことから見える定量・定性の事実 施策実施時における売上増減や、 市場からの評価などの定量的・定性的な実績
インサイトの言語化	● 「『なぜ』そのファクトが起こったのか?」の理由 ステークホルダーが意思決定する(ショッパーが店頭で買う)に至る 「本当の気持ち」の仮説構築
インサイトの証明/一般化	● インサイト仮説の証明 仮説の正しさの定量的な証明および一般化

図表 3-6 「売れるのか」のためのインサイト仮説思考
バイヤーにとっての「売れる」の腹落ち感は、「インサイトの言語化」の有無で大きく変わる

それでは、**「売れるのか」の証明で一番重要なことは何でしょうか。それは「消費者やショッパーインサイトの言語化」です**（図表3―6）。具体的には、「『なぜ』顧客が店頭で購入してくれるのか」の消費者・ショッパー起点での理由です。消費者・ショッパーインサイトとは、「購入しようと意思決定してしまう無意識の判断軸」といえるでしょう。このインサイトに基づく「なぜ」の言語化は、「商品や企画の充実度」や「ファクトの提示」以上に売れると信じるに足る理由として圧倒的に強力であるにもかかわらず、提案時に語られることはほとんどありません。なぜならば、これらインサイトは、主に調査などを通じ収集した一次情報から仮説構築されることが一般的であり、本社によってセリングストーリーまで落とし込まれない限り、営業現場ではその存在すら気づけないからです。

例えば、単なる「アウト展開をすると売上が2倍になる」というファクトに、ショッパーインサイトを加えるとどうでしょう。

・アウト展開をすると売上が2倍になります。なぜならば、この商品は取扱い企業を限定していることから購入意向のあるショッパーが販売店舗を認識できておらず、アウト展開により、彼らが「店頭で取扱いがあることに気づく」ことこそが、重要な購買きっかけとなっているからです。

と付け加えるだけでも、このアウト展開提案に対する「売れるのか」の信用度は上がるのではないでしょうか。

さらに、**図表3—6**にあるように、このインサイトを定量的に証明できると、これが確信に変わります。

・購入意向のあるショッパーにアンケートを取った結果、「80%のお客様が、販売店舗を認識していなかった」とあり、また「購入した方の90%が、店頭で初めて取扱いがあることを知った」ということが分かりました。

ここまでインサイトを定量的に証明できれば、もはや「売れるのか」についての疑義を挟む余地はなくなるでしょう。

当然、常にインサイトを定量的に証明していくことは、時間的にも費用的にも現実的ではありません。そのため実践的には「仮説でもいいから、売れる理由となるインサイトを構築し、言語化する」ことが求められ、それだけでも「売れるのか」の証明に十分なのです。

さらに、このインサイトの言語化が非常に有効なのは「ファクトがなくても、『売れるのか』を強化できる」点です。例えば、新商品の発売に際して「新たな試みとしてＳＮＳを活用したデジタル広告」をマーケティング施策の軸に据えたとします。この時、新商品の実績や、ＳＮＳ広告を活用した売上実績（＝ファクト）はありません。「商品や企画の充実度」だけの提案では

• 今回の新商品の発売に際し、ＳＮＳを活用したデジタル広告を実施します

の言及に留まり、「売れるのか」を信じてもらうことは難しいでしょう。ここに消費者インサイトを付加してみると

• 今回の新商品の発売に際し、ＳＮＳを活用したデジタル広告を実施します。なぜならばこの商品のターゲットである20代の多くは、テレビではなく「ＳＮＳ」が新商品を知る最大のきっかけとなっており、「ＳＮＳ」が常に自分にカスタマイズされた情報が集まる場だからこそ、その広告に対する信頼・受容性も高く、それが直接購入意向につながるためです。

と言語化すると、確信レベルは上がるのではないでしょうか。こういった定性的なインサイトも、高

尚な消費者調査を施さなくても、インターネット上の信頼ある機関の調査結果から、簡単に集めることが可能です。インサイトの言語化の難易度は実際にはそこまで高くなく、この工夫を意識できるか否かで「売りたいか」の質は大きく変わるということです。

このように、**「商品や企画の充実度」だけでなく、「ファクトの提示」や「インサイトの言語化」、また可能であればその「インサイトの証明・一般化」をしていくだけで、バイヤーはその確実性を実感でき、結果として「売れるのか」を満たすことができるでしょう。**

特に第1章でも述べたように、バイヤーは「ショッパー」を相手にビジネスを構築しているため、これらの企画提案やその背景にあるインサイトの言語化を、「ショッパー」軸で実践してあげると、さらに「売れるのか」は確信に変わるでしょう。

ショッパー理解といっても様々な見方がありますが、5W1Hで整理すると、その理解は進みます（**図表3―7**）。情報収集にあたっては、直接の小売からのヒアリングに限らず、ID－POSデータ[＊22]分析やデータベンダーからの購入、自社調査など様々な手段があると思いますが、可能な範囲で収集するショッパー情報だけでも、活用余地は十分にあるでしょう。

「WHO／WHEN」である「ショッパープロファイル」には、ショッパーの基本情報であるデモグラフィックやライフステージ、来店方法や来店タイミングなどが含まれます。例えばこの理解に

5W1H	ショッパー理解	具体的な内容	「売れるのか」例
WHO/WHEN	ショッパープロファイル	・ショッパーの性年代、ライフステージ ・来店方法・来店タイミング	・店舗フォーマットごとの来店方法に合った品揃え
WHY	購買ミッションロイヤリティ	・買い物目的や利用理由など、その店を利用するきかっけ ・店舗に対するイメージ	・ミッションに合った売場設計や企画テーマ
WHAT/WHERE	購買習慣 購買プロファイル	・どこで買うか（エンド売場、定番売場） ・何を一緒に購入するか（併売など）	・アウト展開の最適な品揃え、陳列方法
HOW	購買行動・心理	・お買い物中の心理、視線の動き方など ・購入するきっかけ ・ショッパー動線、ショッパージャーニー	・店内メディア活用による商品認知促進

図表 3-7　ショッパー理解の 5W1H
買い物時のショッパーインサイトを言語化することで、より強力に「売れる」確実性を信じられる

基づき、店舗フォーマット（駅前店舗・郊外店舗など）ごとの来店方法（車・徒歩・自転車）の違いによる品揃えの差別化などを提案すると、より売れる確信は持ちやすいでしょう。もし特徴的なライフステージ（例：子育て世代）が多くいる場合は、その世代に関連する品揃えや、関連する消費者キャンペーンなどの実践により、買ってくれる根拠を強化してもいいかもしれません。

次が「ＷＨＹ」である「購買ミッション・ロイヤリティ」です。ここには、その店舗を利用する目的や、店舗に対するイメージが含まれます。例えば、「トレジャーハンティング（宝さがし）モード」でショッピングを楽しむショッパーが多くいる店舗であれば、「売れるのか」の根

拠のひとつとして、「店内では衝動買いが促進される」というショッパーインサイトも活用できるでしょう。また例えば、実際に主要ＧＭＳのショッパーの多くが「店内で新製品を大々的に取り扱っているイメージ」を持っているため、それを根拠に「新製品の早期立ち上げ」による売上最大化を正当化することもできるでしょう。

「どこで買うか」や「どんな商品をバスケットに入れるか」などの「購買習慣／購買プロファイル（WHAT/WHERE）」を鑑みれば、例えば「プレミアムヘアケア購入者はトリートメントを同時に購入しやすい」というショッパーデータから、「売れる」と思えるアウト展開時の品揃え提案として、シャンプーとトリートメントの同時展開の受け入れ性は間違いなく高いはずです。

最後に、「ＨＯＷ」であるショッパーの購買行動や購買心理は、お買い物中の心理や、購入きっかけ、ショッパージャーニーなどを内包しており、このショッパー理解は、「店内でどのように商品を気づいてもらうか・手に取ってもらうか」などの根拠として、「売れるのか」を証明する手助けとなるでしょう。

ここまで「売れるのか」を満たすための方法論を見てきましたが、それを納得してもらうためには、商品力や、それを販売するための打ち手の充実度、またその手段を講じた際の売上のファクトだけでは十分ではありません。「消費者」や「ショッパー」の理解と、そのインサイトに基づき商品や企画を言語化することで、「なぜショッパーが店頭で手に取るか」を強く信じられるようになるのです。

またこの「売れるのか」の証明は、前述の「売りたいか」の期待感の醸成と同様、ブランド規模の大小にかかわらずいかなる商品であっても有効です。

市場環境の変化でバイヤーインサイトも変わる

本章では、「なぜバイヤーがあるブランドをサポートしたいと思うのか」の無意識的な判断軸として「売りたいか」「売れるのか」のバイヤーインサイトについて深く観察してきましたが、

- 「売りたいか」：物理的課題や心理的課題に対し、解決への期待感があるか
- 「売れるのか」：ショッパーが店頭で手に取ると信じるに足る理由があるか

は、必ず体得しておかなければなりません。

なお直感的、かつ深い理解を助けるために、意図的に具体的な例示もしながら説明してきたため、少し個別最適な視点も含んでいたかと思います。「営業部署が身につけるべきトレードマーケティン

バイヤーインサイト	売りたいか（課題解決の期待感醸成）	売れるのか（売れると信じるに足る理由）
Product	・新奇性や潜在ニーズによって、カテゴリー新規ユーザーの獲得（購入率向上）や、関連購買促進（購入点数向上）に寄与するか ・店舗差別化に寄与し購入頻度が向上するか	・どのような消費者トレンドか ・満たされていないニーズに対する価値はあるか ・商品の視認性はあるか
Price	・カテゴリー平均単価の向上に寄与するか ・市場価格は安定しているか ・利益性が改善されるか	・ショッパーにとって価値ある価格設計か
Place	・販売チャネルや流通は差別化されているか	・買い求めやすい購買動線はどこか
Promotion	・新規ショッパーを連れてこれるか ・店舗のオペレーション負担はないか	・どのようにショッパーが商品を知り、来店させ、店内の商品を手に取らせるのか ・「今買う」理由はあるか

図表 3-8　トレードマーケティングにおけるバイヤーインサイトの検討軸
4P を活用すると、バイヤーインサイトに対する具体的な検討事項を網羅的に整理できる

グ思考」については改めて第7章で触れるため、ここでは一度、全体最適を司るトレードマーケティングにおいて、どういったバイヤーインサイト軸でのビジネス検討が重要となるかについて、いくつか例を**図表3―8**にまとめています。

ここでは詳述しませんが、簡単に4Pで整理するだけでも多くの領域にこのバイヤーインサイトに基づく全体最適のための検討事項が存在することが見て取れます。つまり、トレードマーケティングにとって、このバイヤーインサイトはすべての検討領域における土台になっており、これこそが、「トレードマーケティングの本質」だということです。まさにこの本質に基づき、担当ブランドの戦略・戦術構築やセリングストーリーの構築、および振り返りに応用していくことが求められているのです。

なお、バイヤーインサイトは「生もの」であり、**図表3―1**にあるようにマーケットの環境変化によって簡単に変化します。例えば**外部環境の変化で小売業界の課題が変われば「売りたいか」の動機は当然変化するし、消費者環境やショッパー環境が変わり、消費・購買行動に変化が起きれば、「売れるのか」の信じられる根拠も同様に変化するわけです。**

実際にコロナ禍の「新しい生活様式」に起因する「来店頻度の減少」により、バイヤーにとって「既存顧客を囲い込みたい」や「強い来店動機をつくりたい」といった新たなモチベーションが生まれたことは前章で述べた通りです。これが「売りたいか」の動機になることは、想像に難くないでしょう。また消費者のデジタル化は、「来店前」のショッパーとの接点を構築しました。それにより「売れるのか」の証明としてアプリなどの活用もその根拠となるはずです。

それ以外にも、顕在化している例だけを挙げても、数多くの環境変化が見られます。

- 少子高齢化
- インバウンド
- 2024年問題（物流費の上昇リスク）
- 仕入れコストの上昇
- 光熱費の上昇
- 人件費の上昇

・脱炭素・環境配慮

トレードマーケターは常にこれらの環境変化およびバイヤーインサイトの変化に高い関心を持ち続けなければなりませんし、タイムリーにバイヤーインサイトをアップデートしていくことが、直接的に戦略・戦術の精度を継続的に改善していくことに寄与するでしょう。

次章以降では、トレードマーケティングのすべての土台であるこの「バイヤーインサイト」に基づき、どのように「企画」「実行」「振り返り」をしていくか、具体的な実践方法を見ていきましょう。

＊18　カニバリ／カニバリゼーションの略。カニバリゼーションとは、直訳すると「共喰い」だが、ビジネス文脈では、売上を「喰い合う／奪い合うこと」を意味する

＊19　アジェンダ／「重要議題」や「検討課題」の意

＊20　ＪＢＰ／Joint Business Plan の略。ひとつのブランド・商品の取扱いについての取り組みだけでなく、カテゴリーマネジメントやサプライチェーンの改善も含めた、両者のＷｉｎ－ｗｉｎによる成長を目指すための取り組みの通称

＊21　ラウンダー／店舗に派遣され、メーカーの指示書通りに売場の作成（陳列・メンテナンス）を実行する人

＊22　ＩＤ－ＰＯＳデータ／ＰＯＳ（Point of Sales＝売上）データに、顧客ＩＤ（例えば、ポイントカード番号など）が紐づいたデータ。顧客単位で売上可視化ができるため、客単価やその詳細などを詳細に把握できる

第4章

実践2

流通戦略・戦術を企画する

トレードマーケティング実践の3つのフェーズ

バイヤーインサイトに基づくトレードマーケティングの実践においては、大きく分けて「企画」「実行」「振り返り」の3つのフェーズが存在します（図表4―1）。この実践こそが、過去の成功例ばかりを焼き増しする「経験則プランニング」から脱却し、「インサイトベースプランニング」を実現するための具体的な方法論です。本書を一度読むだけで、すぐにすべてを実践できるようにならないかもしれませんが、「企画」「実行」「振り返り」フェーズにおいて、可能なものからまずはそのまま実践してみてください。「インサイトに基づく実践」を直感的に体感することが、完璧な実践への第一歩となるでしょう。

改めて各フェーズの役割を確認すると、まず本章で詳述する「企画」のフェーズにおいては、

・いかなるブランドにおいても、店頭でのフィジカル・アベイラビリティ最大化（4C領域の改善）によるブランド継続育成方法を見つける

ことが目的となります。平たくいえば、バイヤーから継続的な店頭サポートを得るための方法論を

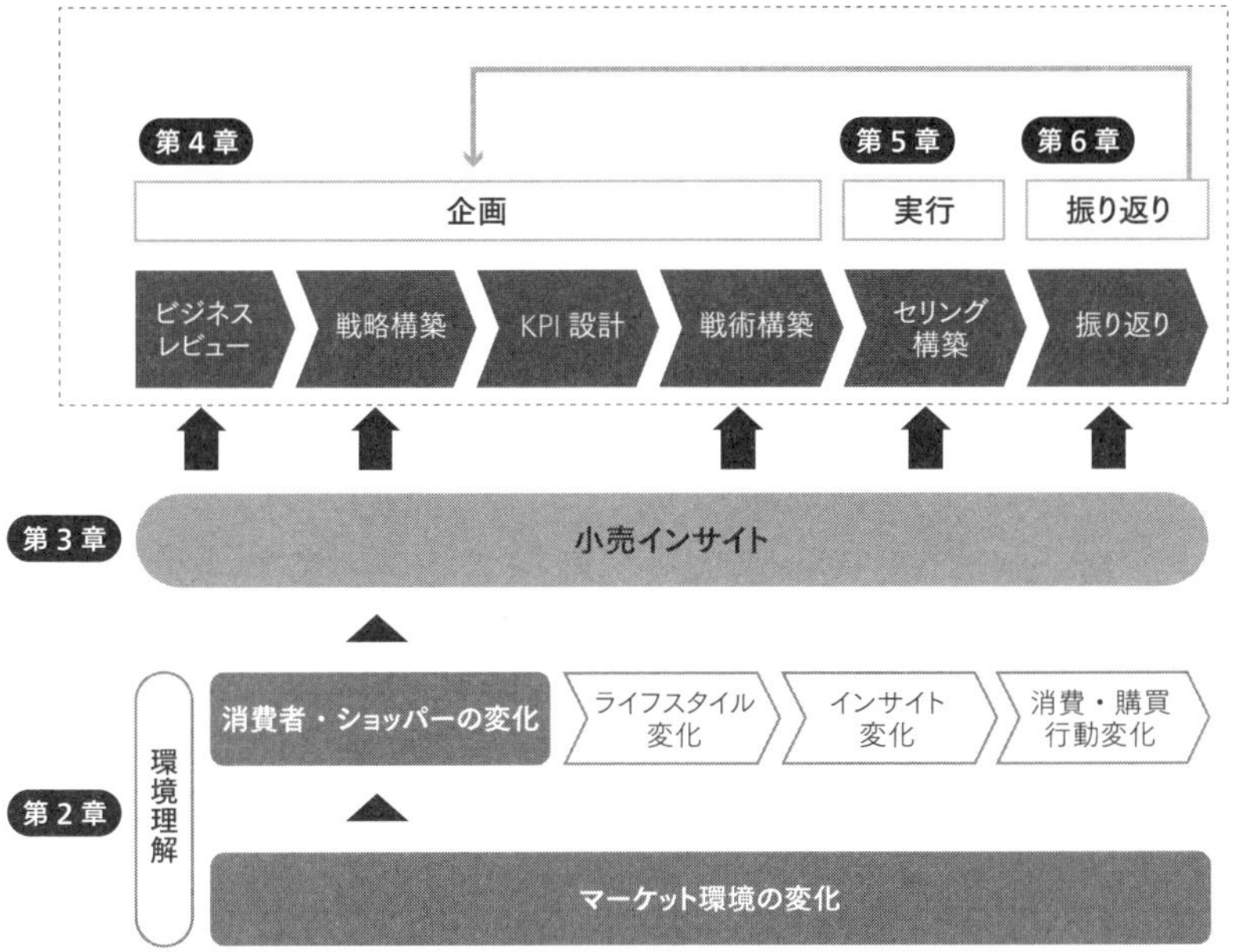

図表 4-1　3 つのフェーズは「企画」「実行」「振り返り」

見つけるということです。当然ながら、小売企業単位の具体的な方法論構築の役割は営業部署の各担当者が担っているため、ここでは全体最適を目論んだブランド継続育成方法論の構築を目的としています。

ふたつ目の「実行」フェーズは、トレードマーケティングにおいては、「企画」フェーズで構築したブランドの継続育成方法の、バイヤーに「正しく伝わる」ためのセリングストーリー作成を目的としており、トレードマーケティングの醍醐味でもあります。せっかく深い洞察・考察のもとに企画した戦略・戦術であっても、一方的に「伝える」だけではなかなか正しく伝わらず、結果的にバイヤーからＮＯを突きつけられることも多々あるでしょう。

詳述する第5章では、バイヤーインサイトに基づき、どのようにバイヤーを動かす「ストーリー」をつくるのかについて、必ず伝えるべき重要な点から、具体的な「伝える秘訣」も含めて理解することで、「伝える＝伝わる」が実現し、確度高く店頭実現ができるセリングストーリー構築の体得を目指します。

「振り返り」フェーズは、営業現場で落とし込まれた各プランの効果を含めた毎月／四半期ごとの数字の振り返りを、全体最適の視点で実行していくことを指します。当然、期初に作成した戦略がそのまますべて実現され、数字が予定通りに積みあがっていくことはまずないでしょう。そのため、目標の達成には毎月の振り返りにおける「戦術の軌道修正（場合によっては戦略も含む）」が必要になります。軌道修正を正しく行うためには、「なぜ」の深掘りから抽出する「根本原因」の特定が必須であり、「振り返り」を詳述する第6章では、バイヤーインサイトに基づく根本原因の特定方法およびその解消方法を学んでいきます。

これら「企画」「実行」「振り返り」のフェーズを継続的に回していくことで、「いかなるブランドにおいても、フィジカル・アベイラビリティの最大化によるブランド目標の達成」が実現できるようになるのです。

そして、最初のフェーズである「企画」は、さらに「ビジネスレビュー」「戦略構築」「KPI設計」「戦術構築」の4つのステップに分けられます。

ビジネスレビューで発見した「自社の課題や強み」を軸に、戦略構築ステップでは「どこの領域で、どんな方法論で、店頭を強化すべきか」を設計します。そしてその戦略が上手くいっているかどうかを測るための指標として「戦略の定量指標である」KPIを設計し、そのKPIを達成するための具体的な戦術をバイヤーインサイトを踏まえ構築する、という流れが、基本的な「企画」の実践です。

ここから「企画」の各ステップの詳細を見ていきますが、プランニングの現場を前提とした実践が多く含まれるため、トレードマーケティングや営業部署に直接従事していない方は、本章を読み飛ばしていただいても問題ありません。

なぜビジネスレビューが必要なのか

第6章で詳述する「振り返り」フェーズが目標達成に向けた毎月の「戦術の軌道修正」を意図しているのに対し、「企画」の最初のステップであるビジネスレビューは、流通戦略策定のために初めに行う包括的なレビューを指します。

このビジネスレビューは、トレードマーケティング実践のすべてのフェーズ・ステップにおいて一番重要であり、この精度次第で最終的に得られる店頭サポートの大小に非常に強く影響するため、正しく実践をすることが不可欠です。「精度」といっても、分析の複雑さや緻密さを求めているのではなく、その後のフェーズに向けた、最適な「課題把握」を指しています。ついては、ビジネスレビューという響きから、難解で緻密な売上分析手法を連想している方も中にはいるかもしれませんが、ここでは詳細な分析手法を論じるのではなく、トレードマーケティングに本質的に求められるビジネスレビューとは何かについて、構造的な正しい課題把握の方法を見ていきたいと思います。

まずビジネスレビューの「目的」から考えてみましょう。目的と聞かれると、おそらく多くの方が、例えば「過去を振り返り、将来に向けた示唆を抽出すること」のように、「過去を評価する」だけでなく「将来に対する示唆を出す」ことを、ビジネスレビューの一般的な目的として言及されるのではないでしょうか。

しかしながら興味深いことに、日ごろ私がお手伝いしているメーカー担当者の多くのビジネスレビューにおいては、「過去の評価」に留まり、その後の示唆が出せていないということがよく起こります。例えば、各ブランドや商品のシェアや売上増減などを単純にリストアップし（図表4－2）、そこで各ブランドの「良し悪し」を単純に比較し、自社ブランドの実績が良い場合においては、それを根拠に「自社ブランドを強化することで、売上伸長に貢献できる」といったストーリーを無意識に作成してしまうのです。

これは、過去の評価から将来への示唆を出しているつもりであっても、実際は「過去の評価を、そのまま将来の提案根拠として言及しているだけ」であり、当初のビジネスレビューの目的は果たせ

メーカー名	ブランド名	シェア（%）	シェア増減（%）	売上金額前年比（%）	売上金額（百万円）	売上数量（千個）
カテゴリー合計		100	—	104	47	267.1
メーカー A	ブランド A	18	+1.7	115	8.5	45.9
	ブランド B	12	-0.1	103	5.6	31.6
メーカー B	ブランド C	14	-1.3	95	6.6	38.3
	ブランド D	11	+0.9	113	5.2	28.3
メーカー C	ブランド E	15	+0.6	108	7.1	39.9
	ブランド F	8	-0.8	95	3.8	22.3
その他		22	-1.0	100	10.3	60.8

図表 4-2　よくある「ビジネスレビュー」のイメージ
ブランドごとのシェア／売上伸長率を単純比較した典型的な表は、
単なる過去の成績表でしかなく、将来の対策は見えてこない

ていません。

加えてよくあるビジネスレビューの問題点として、「自社起点のレビュー」に無意識に注力してしまうことが挙げられます。自社を中心にレビューをすると、カテゴリー全体に対して価値がどう発揮されたかということよりも、どうしても「何が上手くいった」「何が課題だった」のような自社の売上がどのように動いたのか、のボトムアップの視点に閉じたレビューになりがちであり、結果的に「ひとつのブランドが、売れるためのレビュー」に限定され、バイヤーにとってスケールを感じにくく、メリットが明確にならない示唆やアクションばかり創出してしまうのです。

さらに、ビジネスレビューが往々にして構造的な整理のないままに、非常に属人的に実行されがちであることも大きな問題点です。個々に思いつくままにデータを詳細に深掘りした結果、一部の課題に対する解像度は非常

に上がり満足感は得られたものの、全体のレビュー内容が片手落ちになってしまったというのは、残念ながらよくある話です。良く知られたマーケティングフレームワークである「WHO－WHAT－HOW」で例示するならば、いわば「WHOの解像度だけは非常に上がったが、そもそもWHATやHOWは、触れられてすらいない」状態というところでしょうか。しかも深い分析をすればするほど、自分の分析結果により固執してしまい、全体感をますます見失ってしまうのです。

前述しましたが、重要なのは、詳細な「分析手法」の理解・実践ではなく、どのようなビジネスレビューの構造的な実践が、その後の「フィジカル・アベイラビリティ最大化」につながるのかということです。**ビジネスレビューの枠組みを理解することが一番重要であり、それを実践できることでビジネスレビューの目的が達成され、その結果いかなるブランドであっても最適な「企画」を策定できるようになるのです**（むしろ、詳細なPOS分析はほかにプロがいるでしょうから、そちらにお任せしましょう）。

バイヤーインサイトでビジネスレビューを「構造化」

改めてビジネスレビューの目的を考えてみましょう。トレードマーケティングにおいて「過去を振り返り、将来に向けた示唆を抽出すること」を具体的に定義すると次の3点が挙げられます。

・「カテゴリーレビュー」から、「カテゴリー成長戦略」および「売上拡大に寄与する打ち手」を抽出する
・「自社レビュー」から、「自社のカテゴリー価値（強み）」を抽出する
・「店頭レビュー」から、自社のフィジカル・アベイラビリティ最大化のための「バイヤーインサイト」を抽出する

これらの抽出を目的とした構造的なビジネスレビューの実践によって、ビジネスレビューにおける属人性を排除し、またカテゴリー軸での包括的な示唆の抽出によって、その後のバイヤーインサイトベースの「企画」構築につながっていくのです。ビジネスレビューのステップで迷ったら、この3つの目的に立ち返ってみてください。

それではビジネスレビューの構造を俯瞰して整理してみましょう。**図表4―3**にあるように、ビジネスレビューは大きく、①カテゴリーレビュー②自社レビュー③店頭レビューの3つに分けられます。①と②はバイヤー目線での、「担当カテゴリー拡大機会がどこにあるのか」の問いに対する解を求めます。③はメーカー目線であり、「店頭において自社ブランドのビジネス伸長機会がどこにあるか」に対し、順番に解を求めていきます。

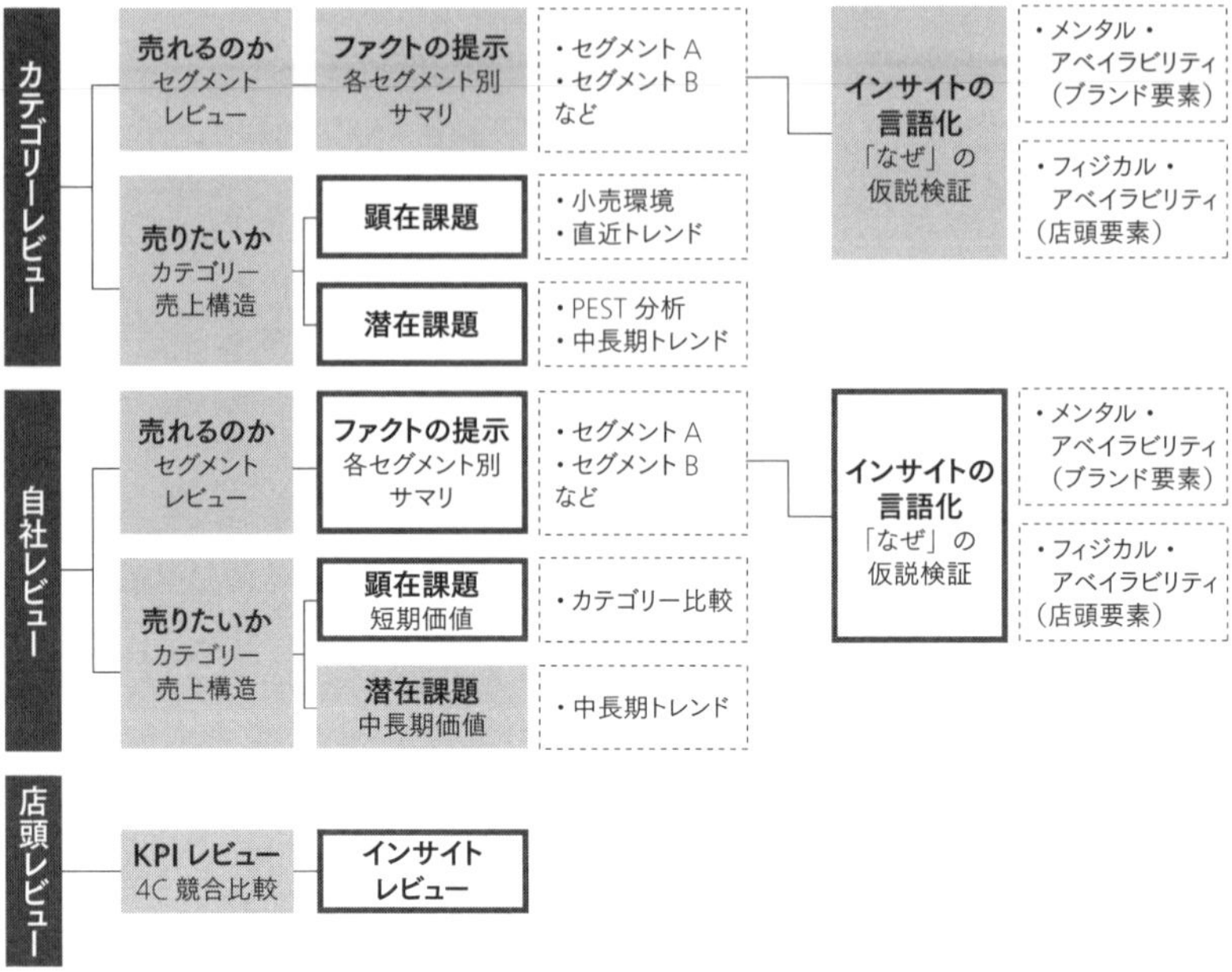

図表 4-3　ビジネスレビューの構造化と重点ポイント
太枠囲みのハイライト部分が、特に注力したいレビュー項目

特に注意したいのは、カテゴリーレビューと自社レビューにおいては、「売りたいか」「売れるのか」の双方のバイヤーインサイトに即してレビューをすることが求められるということです。先にお伝えした「各ブランド・商品のシェアや、単なる売上増減のリストアップ（**図表4―2**）」は、この構造に当てはめて考えると、単に「売れるのか」を証明するための、ごく一部の「ファクトの提示」に留まってしまっており、そのため本質的な示唆の提供につながらないのです。

第3章でも触れましたが、メーカーは自社のブランドを中心にビジネス検討を続けているため、無意識的に「売れるのか」の思考のみに支配されがちです。しかしながら小売企業は常に課題解決に向き合っているため、「売りたいか」が満たされなければサポートしません。そのため**ビジネスレビューにおいては、どうしても思考から抜けがちな「なぜ小売企業が『売りたい』と思えるのか」についてもレビューすることがとても重要なのです。**この「売りたいか」の具体的要素のひとつである「カテゴリー売上構造」をベースとした顕在・潜在課題のレビューによって、その後の「カテゴリー成長戦略」の抽出がなされ、それが我々から提示する、バイヤーが取り組むべき課題解決の方向性となるのです。

3つ目の店頭レビューにおいては、ベンチマークブランドとの店頭サポートレベルの比較を通じてバイヤーインサイトを深く探ることで、「商品や販促においてどのような改善をすれば、自社の4C領域を強化できるのか」について把握することができます。ここで得た知見は、後述ステップである「戦術構築」で大いに活用されます。

なお、ひとえに構造的なビジネスレビューの実践といっても、各レビュー内容の重要度や優先度は存在し、**図表4―3**のハイライト部分が、トレードマーケティングの実践においては特に重要な要素となっています。最初からすべてを100%実践することは難しいでしょうから、まずはこれら重要な要素を中心に、ビジネスレビューの実践にとりかかると良いでしょう。

最後の目線合わせとして、ビジネスレビューにおいて必須素材である「データ」の種類を簡単に

データ種	主要提供企業	具体 サービス名称	概要
POS	インテージ	SRI+	幅広いチャネルで全国約 6000 店舗より収集している小売店販売データ
	小売各社	—	
ID-POS	TrueData	Eagle Eye/ Dolphin Eye	POS データに ID が紐づいた「企業軸」の購買者データ。各小売企業における購買者ごとの購買実態（いつ・どこで・誰が・何を）が分かる
	CCC	DB Watch	
	JBtoB	ASPossible	
	小売各社	独自開発 BI	
消費者 パネルデータ	マクロミル	QPR	全国の消費者から継続的に収集している買い物データであり、個人単位のトラッキングデータ
	インテージ	SCI	
	各レシートデータ会社	—	
店頭データ	インテージ	SPI	調査員が毎週末店頭で直接収集する、店頭プロモーション（山積み・チラシなど）データ
リサーチ データ	各リサーチ会社	—	企業の要件定義に合わせた、消費者・ショッパーリサーチ調査データ

図表 4-4　ビジネスレビューに活用できる主要データ例
データを網羅的に活用する必要はなく、あくまでビジネスレビューに必要なデータをピックアップして活用する

整理しておきましょう。

ビジネスレビューでは、**図表4―4**にあるような、「POSデータ・ID―POSデータ・消費者パネルデータ・店頭データ・リサーチデータ」などの外部取得データや、加えて、自社保有の「営業からの報告データ・出荷データ・納品データ」などを活用し、ビジネス状況を把握していきます。

まず「売れるのか」パートについては主にインテージなどのPOSデータや自社の出荷データ、店頭データなどを活用します。セグメントの切り方によって、ID―POSデータも活用できると良いでしょう。また「インサイトの言語化」をする際、消費者インサイトの仮説構築のためにはリサーチデータも有用です。営業からの報告

データを活用できる場面も多いでしょう。

次に「売りたいか」パートについては、ID－POSや消費者パネルデータが大いに活躍します。ID－POSデータは、場合によっては各小売企業ごとの実態しか反映していないかもしれませんが、全体感を捉えるためには、それでも十分です。

当然、取得しているデータは各メーカーで異なり、すべてを網羅しているメーカーは稀かと思います。ただすべてを網羅していないと最適なビジネスレビューができないかというと、そうではありません。一番重要なのは、**ビジネスレビューのフレームワークに基づき、マーケットの大局観を正しい視点で把握できるかであり、分析の深さや数字の精度ではないのです**（もちろんあればベターです）。そのため、例えば、リサーチデータがなくても「インサイトの言語化」の仮説は出せるし、消費者パネルデータがなくても、インターネットのオープンソースから、各カテゴリーの詳細な状況も見て取れます。また一部小売企業のID－POSしかなくても、データの絶対値こそそれら企業固有のものかもしれませんが、おおよそのマーケットトレンドを捉えることはできるでしょう。

これから、具体例を挙げながらデータに基づく実践を行っていきますが、分析の手法はひとつではありません。繰り返しになりますが、手持ちのデータからレビューの方法論を考えるのではなく、まずはビジネスレビューで把握すべき大局観を理解することが一番大事であり、そのうえで必要なデータを社内外で探索する、というアプローチをとることで、分析の深さの差こそあれ、工夫次第で「企画」のための十分なラーニングを得ることができるのです。

「売れるのか」から、売上拡大に寄与する打ち手を導く

改めて、**図表4―3**（134ページ参照）のビジネスレビューの構造を確認しましょう。最初にとりかかる「カテゴリーレビュー」の目的は、「カテゴリー成長戦略および売上拡大に寄与する打ち手を抽出する」ことであり、カテゴリー全体の「売れるのか」「売りたいか」の理解を通じて成長戦略を構築します。具体的には「売れるのか」の視点では売上拡大に寄与する打ち手を、また「売りたいか」のレビューでは、カテゴリー成長戦略の抽出を行います。

まず「売れるのか」を証明する「ファクトの提示」は、**図表4―2**にある一般的によく見る前年比のサマリーや、シェアの推移などをイメージすると良いでしょう。「直近は具体的に何のセグメントが売れたのか」を端的に示し、具体的な各セグメントの実力を把握します。セグメントといっても、無意識に想起する「メーカー別」や「ブランド別」などのメーカー軸の切り口だけではなく、次に挙げられるような様々な「ショッパー軸」の各セグメントを含んだヘルスチェックも実施し、「どの切り口が売れるのか」を広く捉えておくことが重要です。

- 【メーカー・ブランド・サブブランド】

・【便益・機能】○○派、○○ケアなどの消費者便益別
・【サイズ】本体・替えや、レギュラー・ラージサイズなどのサイズ別
・【剤型】クリーム・ジェル・オイルなど、各商品の形状別
・【価格帯】低単価・中単価・高単価などの価格帯別
・【性年代（ID－POSから抽出）】性別もしくは年代別
・【カレンダー】月（季節）、曜日、時間帯別

例えば、**図表4－2**のようなブランド別実績を眺めるだけではブランドの調子の良し悪し以外に課題を把握することは難しいですが、ショッパー軸であるサイズや剤型・性年代などの切り口のヘルスチェックからは、「ラージサイズが伸長している」「女性の若年層が縮小している」などの、カテゴリーマネジメントにとって重要な、ショッパー課題やチャンスにも気づくことができるでしょう。ショッパー軸のファクトまで捉えることで、初めてバイヤー視点に立てるのです。

またこのファクトの提示においては、売上金額の前年比だけでなく「シェアの増減」も確認することが必要です。例えばマーケット自体が消費者トレンドによって偶然大きく伸長していれば、多くのブランドもそのトレンドの追い風で売上は伸長するでしょう。ただしそれはブランド自体の体力向上に伴う伸長ではありません。そのため相対的な指標であるシェアの増減をみることで、実際の体力が向上したのか否かを正しく捉えることができるのです。

第3章でも見たように、重要なのは、ファクトの提示のあとの「インサイトの言語化」です。ビジネスレビューにおけるインサイトの言語化は、**「なぜ、売上が増減したのか」を消費者・ショッパー視点で言語化することであり、増減要因として「メンタル・アベイラビリティ」と「フィジカル・アベイラビリティ」の視点で整理します。**なお言語化の際はリサーチデータなどの定量的な根拠があればベスト（インサイトの証明／一般化）ではあるものの、インサイトの「仮説」であっても十分説得力のある言語化となります。よってここで抽出したインサイトは、売上が動く強い根拠として、その後の戦術構築（売上拡大のためのアクション抽出）に活用されるのです。

ここでは、自社に視点を閉じず、競合も含むカテゴリー全体を俯瞰して商品の売れる根拠であるインサイトを探索していきます。まず「メンタル・アベイラビリティ」視点での言語化では、ブランド要素やマーケット要素からくる消費者起点での売上増減要因を探ります。「なぜ」商品（製品改良やパッケージ変更）やメディアプランなどのマーケティングプランが消費者を動かし購入に至らしめたのか、どんなトレンドが消費を喚起しているのか、などの消費者インサイトの言語化です。

- 生活防衛意識の高まりにより、購入頻度が高い必需品については、容量単価の安い大容量サイズ（ラージサイズ）に需要がシフトしてきている。
- 競合の◯◯ブランドでは、新発売後2週間継続して、ターゲットの20代の利用率が一番高いSNS（TikTok）を大規模ジャックすることで、若年層のブランド認知を一気に獲得でき購入が促さ

店内タッチポイント

配荷	量	・配荷店舗数 ・配荷 SKU 数
	質	・配荷優先順位
価格	量	・出現頻度（価値ある価格）
	質	・価格の種類（EDLP、チラシ、おススメ、クーポン、ポイント付与など）
棚割り	量	・棚スペース（ワイド）
	質	・位置（高さ、カテゴリ内の位置） ・ブランドブロック ・最適在庫（店頭欠品防止のため）
アウト展開／MD	量	・展開頻度（年間で何週間） ・展開店舗数 ・展開箇所数
	質	・展開場所 ・展開規模（売場の大きさ） ・展開 SKU（最適な組み合わせ含む） ・アウト展開販促物

ショッパーコミュニケーション

STOP 目立つ／目に留まる／気を引く／目を引く／惹きつける	・商品自体の売場での視認性（パッケージ、POP、シールなど含め） ・目を引く販促物（販促物自体の視認性、セレブリティ画像、演出〔鏡など〕、音声 POP など）
HOLD 手に取る／確認する／理解する／興味を持つ	・手に取りたくなるパッケージ（気になる訴求内容〔希少成分や、効果など〕、世界観） ・手に取りたくなる販促物（リーフレット、情報ボードなど）
CLOSE 欲する／かごに入れる	・価格に見合った価値を体感できる販促物（テスターなど） ・限定感（インセンティブ、キャンペーン〔返金補償〕など）

図表 4-5　フィジカル・アベイラビリティを高める「店頭要素」
店頭における売上増減レバーはこのふたつしか存在しないため、売上増減理由は、常にこれら具体的なレバーに基づき整理しておこう

れた。

「何が」良かったか、ではなく「なぜ」消費者が動いたのか、の理由を、ブランド要素・マーケット要素に基づき仮説構築することで、ファクトの提示で見られた売上増減に対する説得的な根拠が形づくられるのです。

次に「フィジカル・アベイラビリティ」視点での言語化ですが、**図表4−5**にある「店内タッチポイント（4C領域）」と「ショッパーコミュニケーション」ふたつの要素を軸に、ショッ

パー視点で整理します。これらの要素がどのように店頭で購買を喚起したのかについてのインサイトを言語化します。なお、基本的に店頭で商品の売上が動く要素はこのふたつしかなく、トレードマーケティングの実践においてこのふたつの要素は非常に重要です。詳細もぜひ覚えておいてください。

・競合商品Aはアウト展開の際、関連性の高い自社商品Bとの同時展開（アウト展開の質）に積極的にトライしており、それがA・B同時に利用するシーンを想起させ、ショッパーの同時購買を促進した
・競合新ブランドは発売時に大々的な山積み（アウト展開の量）を全国で実施することで、ショッパーの店頭での配荷認知［＊23］を獲得できた結果、売上が拡大した
・ブランド統一デザインの定番販促物の設置により、ブランドブロックが際立ち、ショッパーのSTOP効果［＊24］を向上させ、売上が拡大した

ここでも、何を実施したのかではなく「同時利用のシーンを想起」「配荷認知を獲得」「ショッパーのSTOP効果を向上」など、「なぜ」ショッパーが動いたのかを捉えておくことが重要です。

なお、カテゴリーレビューにおける「インサイトの言語化」は、「ファクトの提示」で挙げたすべてのセグメントで細かく実施する必要はありません。特に目立つ結果となったセグメントや、バイ

ヤーが注目しているセグメント（例：競合の新発売ブランド）、自社が今後実施しようとしているアプローチ（ブランド要素・店頭要素）について主にピックアップし言語化しておくことで、その後のセリングストーリーにおける戦術構築の根拠として活用していくと良いでしょう。

「売りたいか」から、カテゴリー成長戦略を抽出する

次の「売りたいか」のレビューにおいては「カテゴリー成長戦略」の抽出を目的とします。カテゴリー成長戦略を一言でいうと「継続したカテゴリー伸長のためには、どのカテゴリー売上要素の強化・改善に注力すべきか」ということです。どのカテゴリー売上要素に注力すべきかについては、「今」の顕在課題と「将来」の潜在課題の双方を捉えることで決定します（**図表4―3**／134ページ参照）。この「売りたいか」のレビューが、一般的に、抜けがちになってしまう視点です。

「顕在課題」は、前章で詳述の、すでに表出している、小売環境変化とその変化が引き起こしている収益課題に加え、各種ID―POSやインテージ社のSCI（全国消費者パネル調査）データなどを活用し、直近のカテゴリー売上要素の実績を抽出することで把握することが可能です。活用するデータの種類によって、カテゴリー売上要素の各指標が、「ショッパー軸／消費者軸」で異なるものの、同義の指標であれば課題抽出においては特段問題ないため、**図表4―6**を参照し各要素を整理す

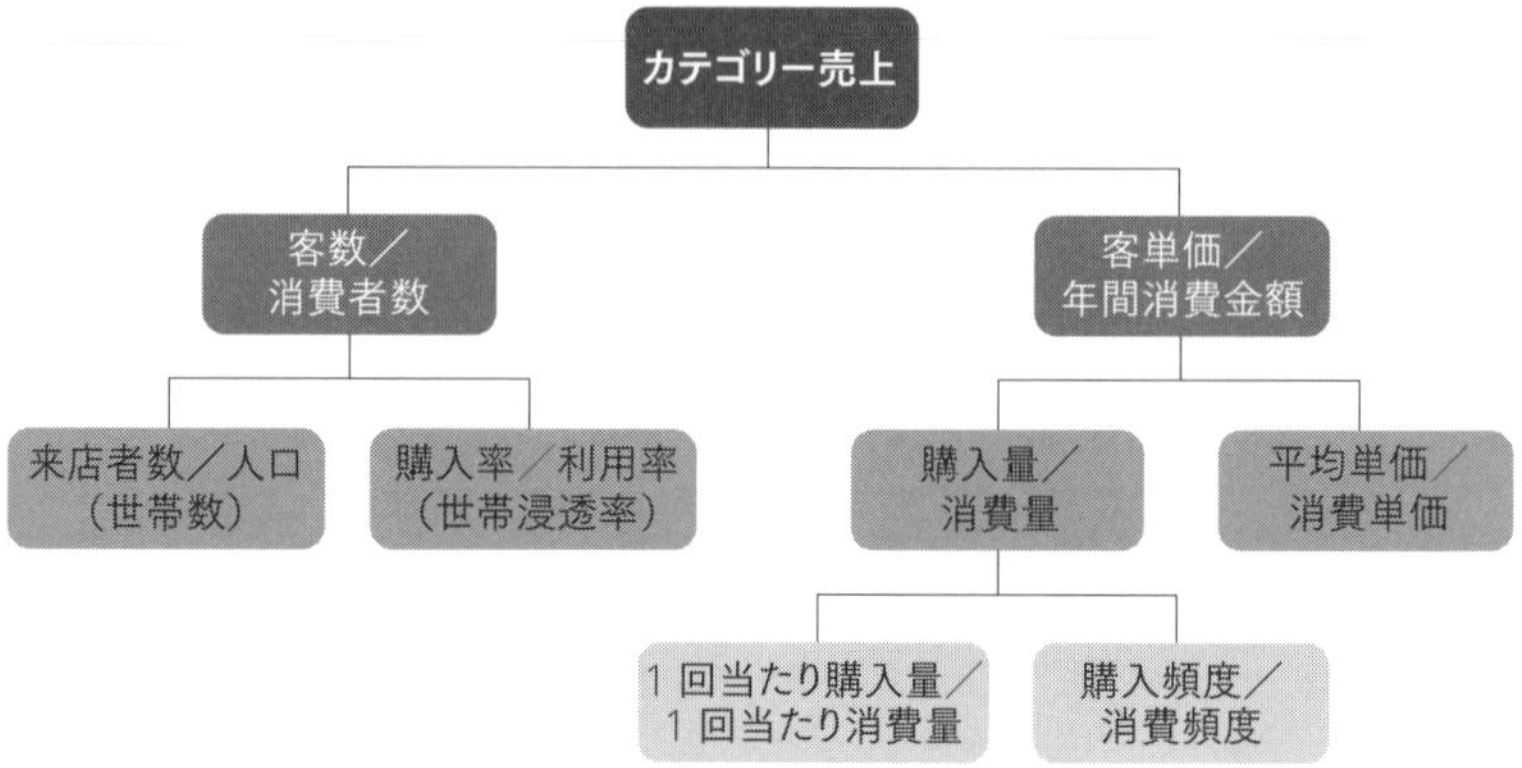

図表 4-6 ［顕在課題抽出］カテゴリー売上要素
「／」の左がショッパー軸、右が消費者軸

ると良いでしょう。もし活用可能データがない場合は、インターネット上のオープンソースから、市場規模推移やその推移の原因となるカテゴリー売上要素なども情報収集できるため、そちらでも対応可能です。

重要なのは、**前年と比較し、「どの要素がカテゴリー売上を牽引している・縮小させている」のかを正しく把握することであり、それがバイヤー視点でのビジネス課題となるのです。**例えば「昨年から客数（消費者数）は微減したが、カテゴリーの平均単価（消費単価）が大きく上昇し、客単価（年間消費金額）を押し上げており、それがカテゴリー売上伸長の主要因となった」「1回当たり消費量（購入量）も微増し、カテゴリー拡大に寄与した」などの具体的な要素を複数ピックアップしておくと良いでしょう。

これら、小売環境の変化から来る収益課題や、カテゴリー売上要素のトレンドを正しく認識することが、バイヤー視点の「今」の顕在課題の理解になります。

主要因	Politics 政治要因	Economy 経済的要因	Society 社会要因	Technology 技術要因
概要	法律や規制など行政レベルのルールの変化	景気や物価、為替動向など経済の動向変化	生活者のライフスタイルや意識の変化	開発技術やマーケティング技術の変化
具体的事象（例）	・税制改革（酒税法など） ・薬価改定 ・リフィル処方箋の普及 ・最低賃金の上昇	・原油価格高騰 ・原材料高騰 ・円安 ・2024年問題 ・インバウンド需要拡大	・少子高齢化 ・コロナ禍による貯蓄の加速 ・Z世代の台頭 ・脱炭素・環境配慮	・デジタルの発展・浸透 ・EC利用の加速
想定小売課題／機会	・バスケットサイズの低下 ・高齢層の来店頻度減少	・販管費の高騰による安売り頻度減少（集客課題）	・こだわり消費のプレミアム化（単価上昇機会）	・紙チラシの集客効果の低下

図表 4-7 ［潜在課題抽出］PEST 分析
必ずしも長期的なマクロ環境をとらえる必要はなく、向こう1～2年の環境変化を捉えておこう

加えて、今を切り取っただけでは気づけない「潜在課題」についても見ていきます。潜在課題を捉えることで、先んじて手立てを講ずる必要のある、将来起こり得る危機やチャンスが可視化されることで、バイヤーにとって取り組むべき意欲がより強化されます。

潜在課題は将来の小売環境の変化を推測する簡単な「PEST分析」と、先に見たカテゴリー売上要素の「中長期トレンド」を俯瞰することで把握できます。

まずPEST分析とは、外部マクロ環境をPolitics（政治）、Economy（経済）、Society（社会）、Technology（技術）の4つの要因に分類し、自社に与える影響を読み解く分析手法です（**図表4―7**）。これを活用し、例えば、

・2024年問題による物流費上昇や原油高騰

による光熱費上昇などが販管費をさらに圧迫し、積極的な安売りが難しくなり、今後集客にリスクが出るだろう（客数減少の潜在課題）

・こだわりが強いとされるZ世代が、主要な消費世代に成長することで、よりこだわり商品のプレミアム化が進むだろう（単価上昇の潜在機会）

など、「何が起こるか」「それがどのような小売の課題・機会を生じさせるのか」の順番で情報を整理することで、外部環境変化により将来想定される課題や機会を抽出することができます。潜在課題把握のPEST分析の際には、労力をかけて「向こう10年間」などの非常に広い視野で情報を集めてくるというよりも、まずは小売業界に影響しそうな外部マクロ環境を、客観的に収集することから始められればいいと思います。特に、向こう1～2年の時間軸で見られる環境変化に客観的に着目すると、バイヤーもより課題を自分ごと化しやすいでしょう。

もうひとつの「カテゴリー売上要素の中長期トレンド」は、先に見たカテゴリー売上要素を、例えば「過去5年間や過去10年間」などの中長期の時系列で捉えることを意味します。例えば**図表4－8**では、2014年時のカテゴリー売上要素である「購入者数・購入量・単価」をそれぞれ100とした時の各要素時系列推移と、それに伴うカテゴリー市場規模をグラフで表現しています。ここからは「これまで購入者数がカテゴリー拡大に大きく寄与してきたが、直近停滞気味」「購入量は継続的に増加」「単価は中長期で継続的に低下」ということが見られますが、これらの情報を複合する

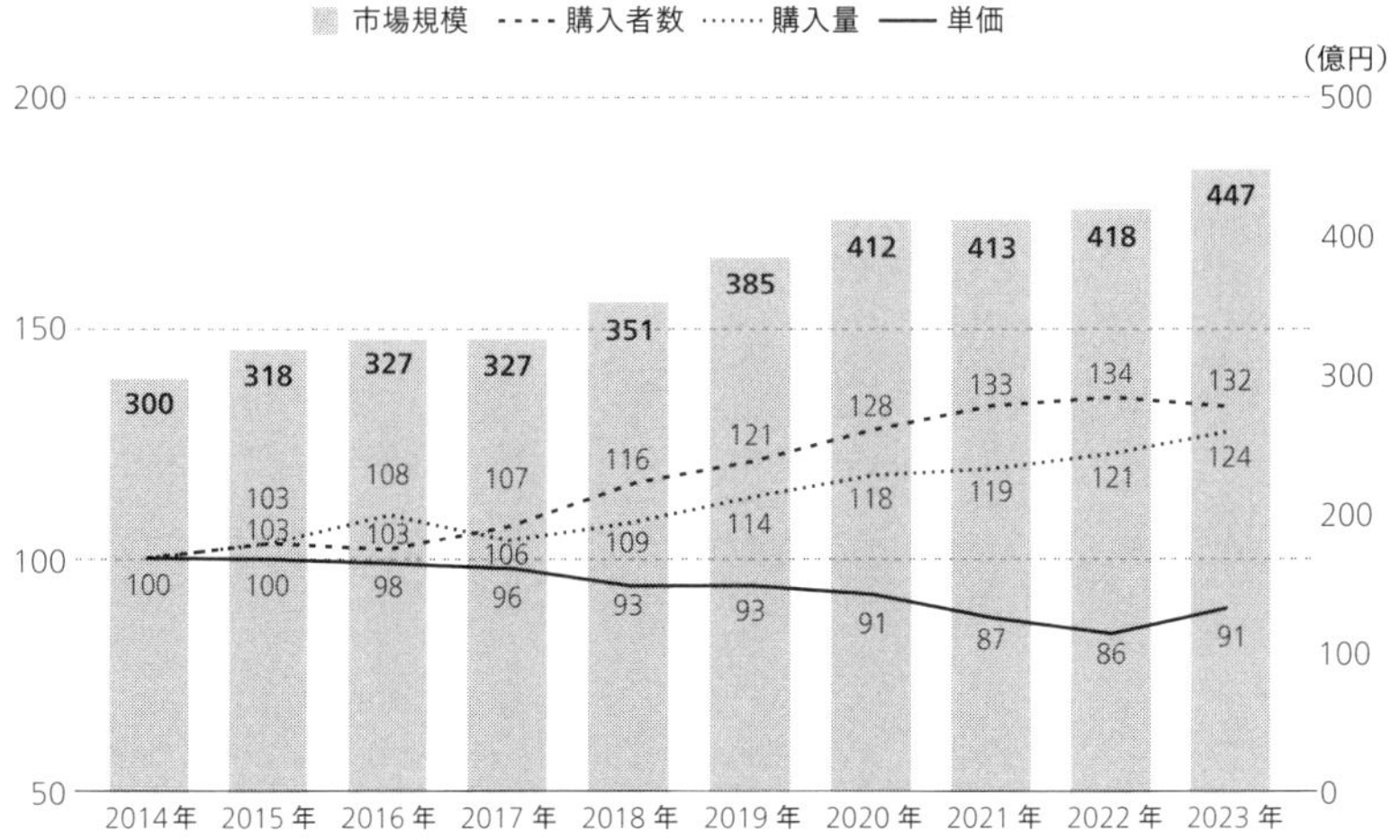

図表 4-8 ［潜在課題抽出］時系列でのカテゴリー売上要素の把握イメージ
カテゴリー要素を長期トレンドで捉えると、今後中長期的に取り組むべき課題が見えてくる

と、次のように読み取れるのではないでしょうか。

・この市場においては、これまで牽引していた「購入者数」の伸びが鈍化してきているため、単価下落トレンドを改善し、購入量の上昇ペースを加速させないと、今後市場が停滞してしまう

ここまでの、「売りたいか」のレビューを通じて得られた顕在課題と潜在課題について、例示した内容を整理してみましょう。

・昨年から購入者数は微減したが、平均単価が大きく上昇、1回当たり購入量も微増し、結果的にカテゴリー売上を伸長できた（顕在課題：直近トレンド）

・今後、外部環境変化による販管費の上昇で、安売り施策が難しくなり、客数減少のリスクが出るだろう（潜在課題：PEST分析）

・今後Z世代の台頭で、こだわり商品のプレミアム化が進むだろう（潜在課題：PEST分析）
・この市場は、単価下落を改善し、購入量の上昇ペースを加速させないと、将来停滞してしまう（潜在課題：中長期トレンド）

これらの課題を例にとると、ここからどのようなカテゴリー成長戦略が導かれるでしょうか。それは、

・今後、こだわり商品を中心としたプレミアムSKUの店頭取扱い・店頭展開に注力をすることで、新たにZ世代の利用者を獲得しながら、カテゴリー平均単価を改善し、継続的な市場拡大を達成する

ということになるでしょう。レビューで把握したすべての課題を必ずしも網羅的に組み合わせる必要はありませんが、このように小売を取り巻く外部環境やカテゴリー売上要素を中心に課題を複合的に捉え、整理することで、バイヤーにとって取り組むべき最優先の課題を、「カテゴリー成長戦略」として、指し示すことができるのです。

「自社レビュー」から、自社の強みを抽出する

「カテゴリーレビュー」からカテゴリー成長戦略を抽出したら、次は「自社レビュー」による自社の強みの探索です（**図表4−3**／134ページ参照）。強みといっても、前章で詳述したように、単にシェアの大きさや利益貢献度だけではなく、「自社ブランドが、どういったカテゴリー課題に対する解決策になり得るか」を定義することが重要です。自社レビューを通じて、いかなるブランドであっても、自社の強みを把握することが可能となるのです。

自社レビューは、カテゴリーレビューを「自社起点」で実施するものであり、構造はカテゴリーレビューと同じで「売れるのか」「売りたいか」を軸に、自社ブランドのカテゴリー価値を探求するのです。

なおここからは、より例示内容を直感的に理解できるよう、具体的に「新興ブランドの高級ボディソープ」を想定して例を挙げながら、見ていきたいと思います（ボディソープカテゴリーについての詳細な知識が筆者にあるわけではないため、実際の市場状況とは異なる旨、ご了承ください）。

まずファクトの提示においては、カテゴリーレビューと同様に様々な切り口でセグメントを見ていきます（138ページ参照）。まとめ方の形式は問いませんが、例えば**図表4−9**のように、各セグ

セグメント	サブセグメント	市場		自社ブランド			
		セグメント売上構成比（%）	売上金額前年比（%）	セグメント売上構成比（%）	市場構成比との差異	サブセグメント内シェア（%）	売上金額前年比（%）
合計		—	108①	—	—	4.4①	120①
サイズ	本体	15	108②	40	+25②	11.7②	124②
	替え	85	108③	60	-25	3.1	117③
価格帯	低価格帯	20	99	16	-4	3.5	99
	中価格帯	50	111	45	-5	4.0	120
	高価格帯	30	109④	39	+9④	5.7	128④
性年代	10代女性	18	98⑤	41	+23	10.0⑤	125⑤
	20代女性	25	100⑤	34	+9	6.0⑤	120⑤
	30代女性	27	114	12	-15	2.0	110
	40代以上女性	30	114	13	-17	1.9	110

図表 4-9 「売れるのか」自社レビューのまとめ方イメージ
できる限り多くのセグメントを抽出しておくと、自社のカテゴリー価値（強み）を見つけやすくなる（表の丸数字は本文に対応）

メントにおける自社の「シェア」や「前年比」などを捉え、自社ブランドの、各セグメントにおける貢献度を探索し「売れている」ファクトはどこかを見つけることから始めます。この図からは、シェアの大きさだけで比較すると自社の市場貢献度は低いように思えますが、確かに「売れるのか」は存在しています。読者が実践する際は、可能な限り多くのセグメントの切り口から、複数の「売れるのか」をピックアップしておきましょう。

①市場から見たシェアは小さいが、ブランド自体の伸長は、市場伸長スピードを上回っている

②新規購買者がメインである「本体」の売上構成比やシェア、前年比は市

場平均よりも非常に高い（サイズ）
③「替え」の売上も堅調に伸長しており、プレミアムブランドであっても、本体トライアルからのリピートが促進されている（サイズ）
④市場よりも構成比の大きい「高価格帯」ラインナップも、市場平均よりも大きく伸長した（価格帯）
⑤特に自社シェアが高い10～20代女性については、市場は苦戦も、自社ブランドは大きく伸ばせている（性年代）

続けて自社のファクトの提示をした内容について、メンタル・アベイラビリティとフィジカル・アベイラビリティ要素を軸に「インサイトの言語化」をしていきます。この自社ファクトのインサイトの言語化は、「具体的な自社の強みの発揮の仕方」であるため、**仮説でもいいのでできる限り多くのインサイトを構築しておくことで、その後の戦術構築やセリングストーリーの幅を広げることができます。**例えば前述のファクトに照らし合わせると、

- プレミアムボディソープである自社ブランド未利用者の一番のハードルが「本体の価格の高さ」だったが、定価の低い本体お試しサイズの発売で、そのハードルが大幅に解消され、試用が促進された
- 店頭で複数の香りバリエーションを品揃えしたことで、既存消費者に香りを選ぶ楽しさを提供することができた結果、リピート購入が促進された

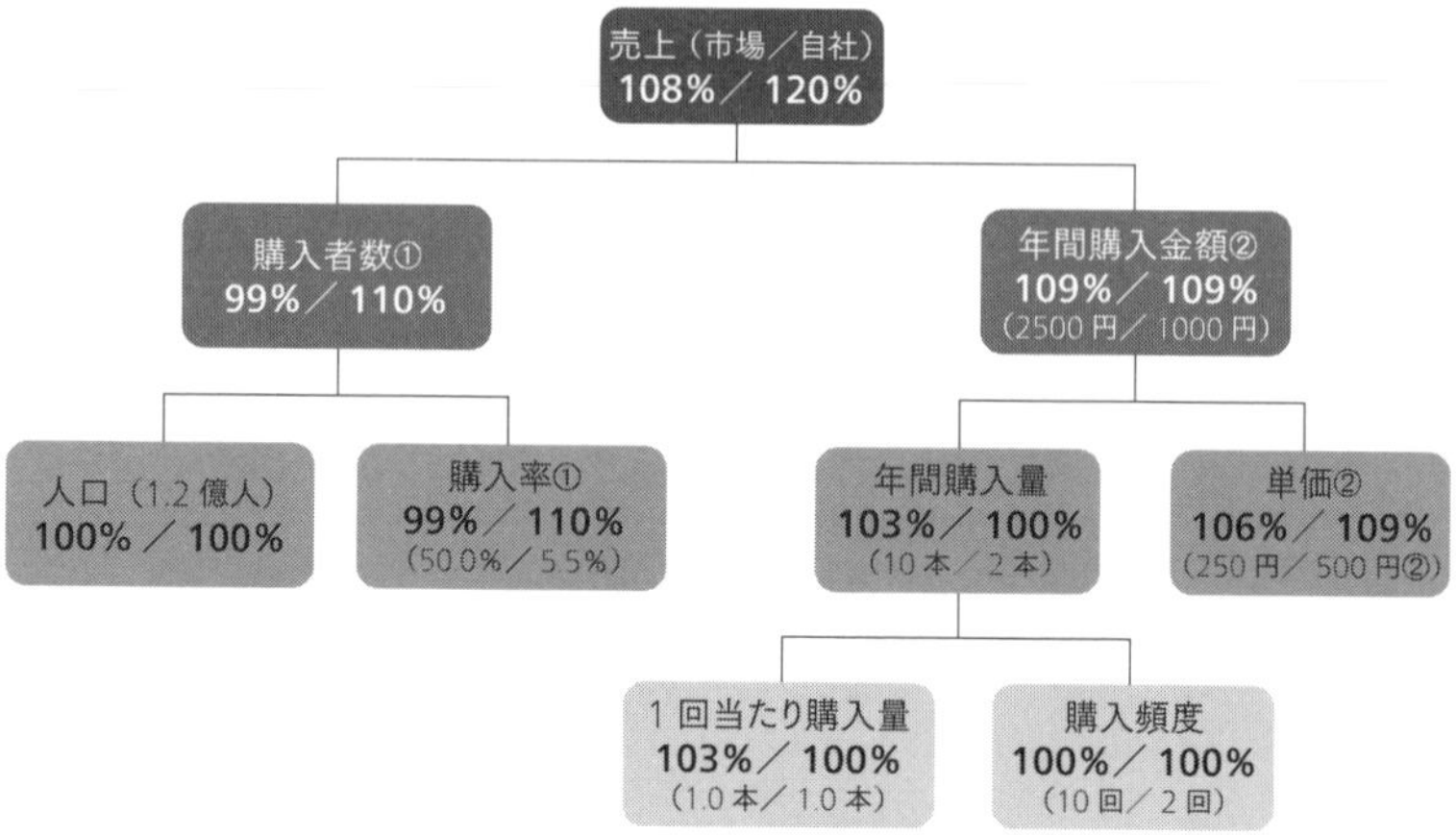

図表 4-10　「売りたいか」カテゴリー・自社比較
「／」の左が市場全体、右が自社。丸数字は本文に対応

・定番売場での香りテスターの完全設置が、ショッパーのHOLD効果を強化し、また使用感を体感できることで「価格に見合った価値」を実感でき、結果として高単価商品の購入が促進された

・過去から若年層向けの広告を実施していたため、若年層内での認知が非常に高く、今回の若年層向けトライアルキャンペーンが利用きっかけになり売上伸長した

などの仮説を構築できるでしょう。

続いてもう一方の「売りたいか」レビューですが、カテゴリーレビュー同様に自社軸で「売上要素」を抽出し、それをカテゴリー全体のデータと比較することで、自社の強みを探求します。具体的に**図表4－10**で要素の伸長率や、各要素自体の指標の大小などを見てみると、

①カテゴリー全体では購入率が伸びず購入者数が停

滞気味だが、自社ブランドは継続して購入率が上昇しており、購入者数も大きく伸びている

②年間購入金額は、カテゴリーと自社ブランド双方で、単価上昇が牽引して伸長中。特に自社ブランドの平均単価は５００円と、市場の平均単価２５０円に対し2倍と、非常に高い

といったことが分かるでしょう。

この読み解きから、「購入者の増加に貢献できそうだ」「単価の改善に貢献できそうだ」という、カテゴリーに対する自社の貢献ポイントがどこら辺にありそうか、を見定められるのではないでしょうか。

それでは自社レビューで取得した「売れるのか」「売りたいか」の情報に基づき、それらを組み合わせて強みを抽出してみましょう。明確にひとつに絞る必要はないので、複合的に捉えて、複数の強みとなり得る貢献ポイントをまとめます。先に示した例に基づき、挙げてみましょう。

- 若年層（10～20代）のブランド認知が高く、ボディソープカテゴリーへのエントリーのきっかけになっており、今後も継続的な若年層獲得が期待できる
- 約2倍という高単価ではあるが、商品価値が伝わることで自社「高価格帯」の新規試用が促進されることが分かっており、最適な店頭展開による自社ブランド拡売で、カテゴリーの平均単価向上が期待できる
- プレミアムブランドながら商品のリピートは非常に高いため、新規ユーザーの獲得を促すことが

できれば高単価セグメントがさらに拡大し、継続的なカテゴリー単価向上に貢献できる

このほかにも、剤型や便益など複数のセグメントで「売れるのか」のファクトの提示を実施しておくことで、より多くの角度から、シェアに依存しない複数の「強み」を抽出できるでしょう。

「店頭レビュー」から、バイヤーインサイトを掘り起こす

ビジネスレビューの最後に、メーカー目線の解となる「店頭における自社ブランドの拡大機会」について「店頭レビュー」を実施します（図表4―3／134ページ参照）。

店頭において自社ブランドの売上を増減させるレバーは、大きく「店内タッチポイント（4C領域）」と「ショッパーコミュニケーション」にすべて集約されている、と前述しました（図表4―5）。店頭売上の向上には当然双方の課題の抽出および改善が必要ですが、このうち、ショッパーコミュニケーションは主にメーカーの意思決定で改善できるため、店頭レビューにおいては、トレードマーケティングの主要なＫＰＩであり、また主にバイヤーの意思決定に依存する「店内タッチポイント」について深掘りをしていきます。

このレビューを通じて、**「自社ブランドにとって、どの店内タッチポイントに伸びしろが存在して**

いるか（KPIレビュー）」、また「どうすればその伸びしろを実現できるのか（インサイトレビュー）」の問いに対する解を求めます。

まず、店内タッチポイントの伸びしろの発見については、競合を含めた正しい「ベンチマークブランド」を設定することから始めます。ベンチマークブランドを設定し、「ベンチマークブランドができていて、自社ブランドができていないこと」を比較することで店頭課題を発見していくことができるのです。

ところで「競合ブランド」を定義しているメーカーやブランドは多いと思いますが、「ベンチマークブランド」は必ずしも、すでに定義している競合ブランドであるとは限りません。例えば「競合ブランド」は、「消費者から代替可能性のある選択肢として見られている」ブランドを設定したり、ブランド間の流入流出が高いブランド、もしくは単純に自社よりシェアが高い理想形のブランドなどを定義することが多いと思いますが、**「ベンチマークブランド」は、「バイヤーにとって、類似の価値を有していると認識している」ブランドです。**つまり、バイヤーが様々な店内タッチポイントの意思決定をするうえで、同じ土俵で競っているブランドということになります。例を挙げれば、

- 売上規模／利益貢献度（シェアや相乗積［＊25］）
- ポートフォリオ上の期待値・役割（集客貢献・利益貢献・売上貢献・バスケットサイズ貢献など）
- 商品便益

・サイズ（レギュラーサイズ・ラージサイズ）
・価格帯（低価格帯・中価格帯・高価格帯）
・トレンド有無（新興ブランドのようなトレンド商品）

など土俵は様々ありますが、バイヤーがどのような認識で意思決定をしているかを軸に判断すればよいでしょう。当然、売上規模だけでの判断軸ではないことから、シェアが大きく異なるものも、ベンチマークブランドとして捉えることはあり得ます。また、常にひとつというわけではなく、ベンチマークブランドを複数指定しておくと、のちの課題発見がより広く、より客観的にできるようになります。先に挙げた「新興ブランドの高級ボディソープ」でいえば、おそらく「新興ブランド」や「高価格帯」「香り系」といったセグメントでベンチマークブランドを探すことになるでしょう。

ベンチマークブランドが決まったところで、「自社ブランドにとって、どの店内タッチポイントに伸びしろが存在しているか」を把握するために、ベンチマークブランドの４Ｃの状況を把握します。もし必要なデータを保有しておらず、ベンチマークブランドの４Ｃ状況の把握がどうしても難しい場合は、このステップは飛ばしても問題ありません。

図表4―5では、４Ｃ領域である配荷（Customer Value）・価格（Cost）・棚割り（Convenience）・アウト展開（Communication）が「質」「量」ともに定義されていますが、特に「量」について、定量的・定性

的に情報収集することでベンチマークブランドの状況を可視化します。もちろん保有するデータによって、中には収集が難しいものもあるかもしれませんが、可能な限り「営業部署からの報告データ」なども活用し、ベンチマークブランドの店頭状況を把握します。例えば、「配荷・価格」はインテージのSRI＋（全国小売店パネル調査）や営業報告から、「棚割り」は営業報告から、「アウト展開」はインテージのSPI（全国店頭プロモーション調査）もしくは営業報告などから収集・想定することができます。また、営業報告を活用する場合は、必ずしも全国小売の情報が必須なのではなく、いくつかの主要企業の情報さえ集められれば、ベンチマークブランドの店内タッチポイント状況において、おおよその正しい傾向値は把握できるでしょう。

その収集したベンチマークブランドと自社ブランドの4C状況を比較してみると、それぞれの店内タッチポイントで何らかの差異が出てくるのではないでしょうか。例えば、件の「高級ボディソープブランド」では「香り系」のベンチマークブランドと比較して

- 全国のチャネルで本体SKUの配荷率（配荷店舗数）に差異がある
- ドラッグストアにおいて配荷取扱いバージョン数が少ない（バージョン別の配荷率比較）
- ブランドのアウト展開の実施頻度が、ベンチマークブランドよりも極端に少ない
- アウト展開実施時においても、展開規模がベンチマークよりも小さい
- 店頭での価値伝達が重要にもかかわらず、アウト展開時に販促物サポートが弱い

などの差異が表出したとしましょう。これが、「同じ土俵で戦っているにもかかわらず、負けている・勝っている」領域であり、特に負けている点は店内タッチポイントにおける「自社ブランドの伸びしろ」だといえます。

なお、手元にデータがなくこの「ベンチマークブランド比較からの伸びしろ抽出」ステップを飛ばす場合は、ベンチマークとの相対的な課題把握を目指すのではなく、自社の店内タッチポイントの課題感を頭の中で整理するだけでも問題ありません。大事なのは「自社ブランドの4C領域において、どこに伸びしろがあるか」を想定し、それに基づき、このあとの「どうすればその伸びしろを実現できるのか」のバイヤーインサイトの仮説を構築することにあるからです。

自社ブランドの伸びしろを把握できた後、「どうすればその伸びしろを実現できるのか」に解を出すために、インサイトレビューを実施します。一言でいうと、

・なぜ、4C領域においてベンチマークブランドとの差異が生まれているのか

の理由を「売りたいか」「売れるのか」のバイヤーインサイトで仮説を出していくステップです。実際の仮説検証はバイヤーに直接ヒアリングしない限りできませんが、企画段階では、営業部署との

会話などから一次情報を収集し、仮説を構築していきます。

本書をここまで読み進めていれば、単純に「売れないから」だけが答えにはならないことは理解いただいていると思います。具体的に例示すれば、「売りたいか」では、

・利益貢献度が弱い

また「売れるのか」においては、

・ブランドに対する消費者ニーズ自体や商品力を信じられない／理解できていない
・マーケティング施策の効果を信じられない／理解できない
・販促施策が十分だと思えていない

・心理的課題が大きい（他部署への配慮、コスト意識など）
・カテゴリー売上要素のどこが改善するか理解できていない
・カテゴリー売上要素における注力課題が、自社価値とあっていない（客数に注力しているが、自社ブランドは客単価の訴求）

などが、ベンチマークブランドとの差異を生じさせてしまっているバイヤーインサイトとなるでしょう。なお私の「高級ボディソープブランド」のサポートが弱い理由を挙げるとするならば（も

ちろん、架空の一次情報を基にすると)、

- 本体はメインSKUの品揃えで十分だと思っている。取扱いを増やしたところで売れない(売れるのか)
- 店内の棚サイズが限られている中、自社ブランドはシェアも低く、バージョンを増やしたところで、他バージョンとカニバるだけで、客数・客単価が何も向上しない(売りたいか/売れるのか)
- ショッパーの買い物頻度が減少し、また特に女性の若年層が縮小しており、アウト展開では客数アップに寄与する集客ブランドに注力したい(売りたいか)
- 当初は配荷店舗が限られていたから店頭差別化ブランドとして強化していたが、今や大衆ブランドとなっており、展開の規模感を確保する意味が薄い(売りたいか)
- 販促物の種類が多く、オペレーションが大変で店舗に設置を強制したくない(売りたいか)

などがバイヤーインサイトからくる根本原因との仮説が成り立つでしょう。

ここまで、ビジネスレビューを包括的に実践してきましたが、このステップにおけるトレードマーケティングの価値は、**「バイヤーインサイトで構造化されたビジネスレビューを実践することで、いかなるブランドでも店頭強化のための手がかりを得られる」こと**です。

データが潤沢にあることがレビューの質を決めるのではなく、ビジネスレビューのフレームワークを正しく理解し、体系的に実践することこそが、その手がかりの質を高めることになるため、たとえデータが社内に十分になくても、社内外の情報で補うことさえできれば、十分実践的なレビューとなるのです。

①カテゴリーレビュー、②自社レビューを通じ、バイヤー視点の価値である「カテゴリー拡大機会」の整理によって**カテゴリー成長戦略と自社のカテゴリー価値を抽出**し、③店頭レビューでメーカー視点の価値である「店頭における自社ブランドの拡大機会」を実現するための**バイヤーインサイトを抽出**しました（図表4―11）。この後の企画ステップにおいては、これらの抽出した「店頭強化のための手がかり」を組み合わせることで説得的な戦術構築を実現し、さらにその後の「実行」フェーズでは、「伝える＝伝わる」セリングストーリー構築を実現していきます。

戦略とは、限られたリソースの最適配分である

ビジネスレビューの次の企画ステップは「戦略構築」です。このステップを通じて、流通戦略として「どの領域に対し、どのように注力すべきか」を明確に定義します。簡潔に表現すれば、店頭レビューで確認した「自社ブランドの伸びしろ」に対して、カテゴリーレビューや自社レビューで把握した、「インサイトの言語化」や「カテゴリー成長戦略」「自社のカテゴリー価値」のラーニングを活用し、「どのように小売企業とＷｉｎ－ｗｉｎの方針を設計するか」ということになります。

レビュー種類	目的	ラーニング（例示内容）	
カテゴリーレビュー	【売れるのか】売上拡大の打ち手	・女性の若年層の売上が縮小 ・必需品について大容量サイズに需要がシフト ・ブランドAは発売後のSNS大規模ジャックで、若年層の認知獲得＆購入促進	・ブランドBは発売時の大々的な山積みで、ショッパーの店頭での配荷認知を獲得、売上拡大 ・統一デザインの販促物設置で、ショッパーのSTOPが向上、売上拡大
	【売りたいか】カテゴリー成長戦略	・昨年から平均単価が回復し1回当たり消費量も微増 ・今後外部環境変化による販管費の上昇で、安売り施策が難しくなり、客数減少のリスクが発生	・こだわりの強いZ世代の台頭で、プレミアム化が進む ・市場拡大のためには、単価下落を阻止し、消費量の上昇ベースの加速が不可欠
自社レビュー	自社のカテゴリー価値	・定価の低いお試しサイズが試用ハードルを下げ、本体が拡売 ・複数の香りの品揃えで、香りを選ぶ楽しさを訴求し、リピート強化	・香りテスターの完全設置で、価格に見合った価値を実感し、試用促進 ・若年層のブランド認知が非常に高く、若年層向けトライアルキャンペーンで試用促進
		・カテゴリーで苦戦している購入率が、自社は継続して上昇し購入者数が伸長中	・平均単価も継続伸長。カテゴリー平均から2倍の価格を保持
店頭レビュー	【KPIレビュー】4C領域の伸びしろ	・全国で本体SKUの配荷店舗数（配荷率）に差異 ・ドラッグストアで配荷取り扱いバージョン数が少ない（バージョン別の配荷率比較）	・アウト展開の実施頻度がベンチマークよりも少ない ・アウト展開の展開規模がベンチマークよりも小さい ・価値伝達に重要な販促物設置が、アウト展開時にない
	【インサイトレビュー】バイヤーインサイト	・本体はメインSKUの品揃えで十分だと思っている。取り扱いを増やしたところで売れない ・シェアも低く、バージョンを増やしたところで、客数・客単価が何も改善しない	・買い物頻度の減少による女性の若年層縮小で、アウト展開では客数拡大のため「集客ブランド」に注力 ・店頭差別化ブランドから大衆ブランドになってしまい、展開の規模感を確保する意味が希薄化 ・販促物の種類が多く、オペレーションが大変で店舗に設置を強いたくない

図表 4-11　ビジネスレビューを通じた、店頭強化のための手がかり
高級ボディソーププランドの例示内容のサマリー

「戦略」という言葉を聞くと、どんなイメージを持つでしょうか。またどの程度理解できているでしょうか。日々当たり前に「戦略構築」に触れている人でなければ、なんとなく理解はできていても、明確に定義できる人は少ないと思います。例えば、「目標達成のための『一番重要な方針』くらいの理解」「色んな『戦略』が存在し、難しく、正直苦手意識がある」などが、多くの方が抱く印象ではないかと思います。人によっては、「偉い人が自分のことを正当化するときに使う便利な言葉だ」などと解釈する人もいるでしょう。

なんとなく「目標（ゴール）」への道筋であると理解できている方は多いと思いますが、人によって、これまで置かれている環境次第で、具体的な「戦略」のイメージや理解に違いが存在しています。そのためまずは「戦略とは何か」の目線合わせから始めましょう。

戦略"Strategy"とは、語源的には古代ギリシア語の"Strategos"「軍司令官」から来ているとされており、18世紀末ごろから戦争を通じて、この言葉が広く使われるようになったといわれています。当時の戦争における「戦略」は、兵力（数）、武器、馬、兵糧（食糧）、情報（地の利）などを十分に生かし、どのように敵軍に勝つかの大方針として用いられました。

なぜ戦争において戦略が必要だったのか。それは「勝利」というゴールを目指すうえで、「戦力が限られていたから」です。戦力が限られているからこそ、敵軍の動きを察知し、いかに効果的・効率的に戦力を活用するか、がそのまま勝敗に結びついたのです。仮に、兵力や武器、食糧が敵軍の

100倍あった場合、（そもそも戦闘状態に入らないかもしれませんが）戦略は不要でしょう。兵の数や武器を生かして、真正面からぶつかっていけば、100倍の規模を持ってほぼ確実に勝利することができるからです。

ここからも分かるように、戦略とは「目標が存在」し、「リソースが限られている」から必要となるものであり、つまり、

・戦略とは、定められた目標を達成するための、限られたリソースの「最適配分」およびそのシナリオ

といえます。また、見方を変えれば、『やらないこと』を決めること」ともいえます。戦略論の権威であるリチャード・P・ルメルト氏は、

・良い戦略とは「ほんとうに重要な問題を見極め、最も効果の上がるところに持てる力を集中投下すること」
・何かに集中すれば、それ以外を捨てることになる

とも伝えています［＊26］。

トレードマーケティングにおける「目標」には、売上高やシェアのほかにも利益指標（利益額・利

益率）や、場合によってはその他財務指標が存在し、「リソース」は、

・ヒト：営業人数
・モノ：自社商品・供給量
・カネ：広告宣伝費・販促費
・情報：POS／ID－POS含む、各種データ
・時間：営業目標期間（半期・通期など）

が定義されるでしょう。これらのリソースをどのように活用し、ブランドの売上などのゴールを目指すのか、を定義したものが、トレードマーケティングにおける「流通戦略」なのです。

次に「なぜ戦略が重要」なのか考えてみましょう。メーカーの営業局面で、仮に戦略がない場合、様々な大きな弊害が発生します。

ひとつ目は「部分最適の加速」です。戦略は、平易に言い換えれば「全体の正義」なわけですが、この全体の正義がないと、部分最適が急激に加速します。「売上目標を達成する」方法論を何も設定しないと、営業現場で自由な売り方が発生します。時には自社ブランドを廉売し数量を稼いだり、マーケティング施策を投下している商品に注力せず、バイヤーが「売りたい」という商品だけ販売したりと、担当企業の目標達成に向けた「個人の正義」に基づいて販売活動を行ってしまうのです。

その結果、ブランド価値が毀損し、その後の商品力が弱くなってしまったり、本来マーケティングと連動すれば効果的な売上構築ができたにもかかわらず、連動できなかったため、会社全体でみると施策効率の悪化につながるわけです。

小売企業全体を俯瞰してみれば、どの領域にどんな予算を投下すれば効果的かを把握できるにもかかわらず、戦略がないことで、**全体観を見れない現場に販売方針を任せた結果、部分最適が全体最適に勝ってしまい、リソースを無駄遣いし、本来得られたはずの投資対効果を得られなくなってしまうのです。**

極端な例だと感じるかもしれませんが、実はトレードマーケティングを実践できていない組織では同様のことがよく発生します。例えば、配荷戦略がなく配荷優先順位が定まっていないと、個別企業ごとの担当者とバイヤーの経験とセンスで配荷ＳＫＵが決まってしまい、差し替えればより売上が上がるにもかかわらず、結果として売れないＳＫＵが残り続けてしまうでしょう。また価格戦略が決まっておらず目指すべき売価が設定されていないと、ショッパーにとって高すぎる・安すぎる値付けが自由に実施されてしまい、高すぎればシェアは伸長しないし、安すぎれば売上は上がるかもしれませんが、販促費は使いすぎてしまうでしょう。この例からも、戦略を設けることでの全体最適化の重要性を実感いただけるのではないでしょうか。

ふたつ目は「機会費用の増加」です。機会費用とは時間投資の概念であり、ある行動を選択した時、その行動によって得た利益と、違う行動をしていれば手に入ったはずの最大の利益との差額です。時間は有限のため、当然ある行動に1時間投資すれば、他の行動が1時間できなくなります。「もっと○○しておけばよかった」などの後悔は、まさに「本来違う行動に1時間投資しておけば、もっと得られるものが大きかった」ことを直感的に嘆いている表現であり、この「もっと得られていたはず」の大きさが機会費用というわけです。

戦略は「限られたリソースの最適配分」ですから、実行されれば、それが一番組織において効率的・効果的であり、機会費用は最小化されます。その戦略がないと、営業現場では「売上目標を達成する」ための方法論すべてが正当化され、結果的に売上アイデアの大小にかかわらず、同じ時間を投資してしまうでしょう。

例えば、目の前に「1日働けば、100%の確率で500万円を獲得できるアイデア」と、「1日働けば、30%の確率で3000万円を獲得できるアイデア」があれば、どちらを選ぶでしょうか。こう聞かれると後者を選びたくなりますが、実際の現場では前者を選ぶ人が多くなります。これを行動経済学で「確実性効果」といい、確率が高いほどより確実に得られるものを選んでしまう現象です。

戦略は、マーケット状況も俯瞰したうえで効率的なリソース配分を定義しているため、この場合は、「全員が30%で3000万円獲得できるアイデアを選んでくれる仕組みづくり」を戦術として構築することになりますが、戦略がないと、前述のように小さく確実性の高いアイデアにどうしても時間をとられ、**結果的にリターンの少ない事象に対し、営業のキャパシティを無駄に投資してしまったり、細かいタスクが乱立し、それがさらにキャパシティをどんどん圧迫してしまうのです。**

3つ目は「ビジネス振り返り難易度の上昇」です。戦略に基づくビジネスの振り返りにおいては、事前に設計した、全体観の良し悪しを判断する定量的な評価軸（KPI）に対する進捗のトラッキングから「何が上手くいったか、いかなかったのか」の全体観を把握し、その差異に対する原因究明、打ち手の構築、という流れでPDCAを回していきます。しかし戦略がない場合、このKPIをつくることができず、すべての良し悪しを、個別企業ごとの個別事象を収集することで判断することになります。

個別企業ごとの情報収集をすること自体、非常に労力のかかることであり、トラッキングのためのコストがかなり高くなるのはいうまでもありませんが、それに加え、この方法では個別最適のための振り返りしかできないため、**「上手くいったこと、いかなかったこと」が一般化できず、結局改善のための打ち手もすべて個別企業ごとのものになってしまう、という負のスパイラルに陥ってしまいます。**本社機能としての役割を果たせなくなるわけです。

こういった弊害が発生することを阻止し、目標達成のために、向かいたい方向に正しくリソースを活用するためにも、戦略が重要なのです。

目的と目標、戦略と戦術、KGIとKPI

戦略構築方法を体得するためには、戦略と戦術、ＫＧＩとＫＰＩについても理解しておくことが必要です。よく聞く言葉ではあり、なんとなく理解しているものの、どういった関係性を持っているのか正しく表現できる方は多くないのではないでしょうか。

戦略構築の際は、まず「目的」から「戦術」までをピラミッド構造で整理します（図表4―12）。頂点には「目的」があり、それは「中長期で会社の目指すべきもの」と表現できます。「パーパス経営」という表現もよく耳にしますが、まさにそのパーパスであり、「企業の志」「企業の社会的な存在意義」などとも言い換えられます。

目的の下に「目標」が存在します。目的をもっと小さなステップに区切ったものと定義できるでしょう。一般的には事業年度単位で目標が設定され、目的達成に向けた、途中の目印の役割を果たす中継地点にもなります。

戦略は、その目標の下に位置しています。前述の通り、戦略は「目標達成のためのリソース最適配分シナリオ」です。

そしてその下に戦術が位置し、戦略を実現・実行するための具体的な手段や、アクションプラン

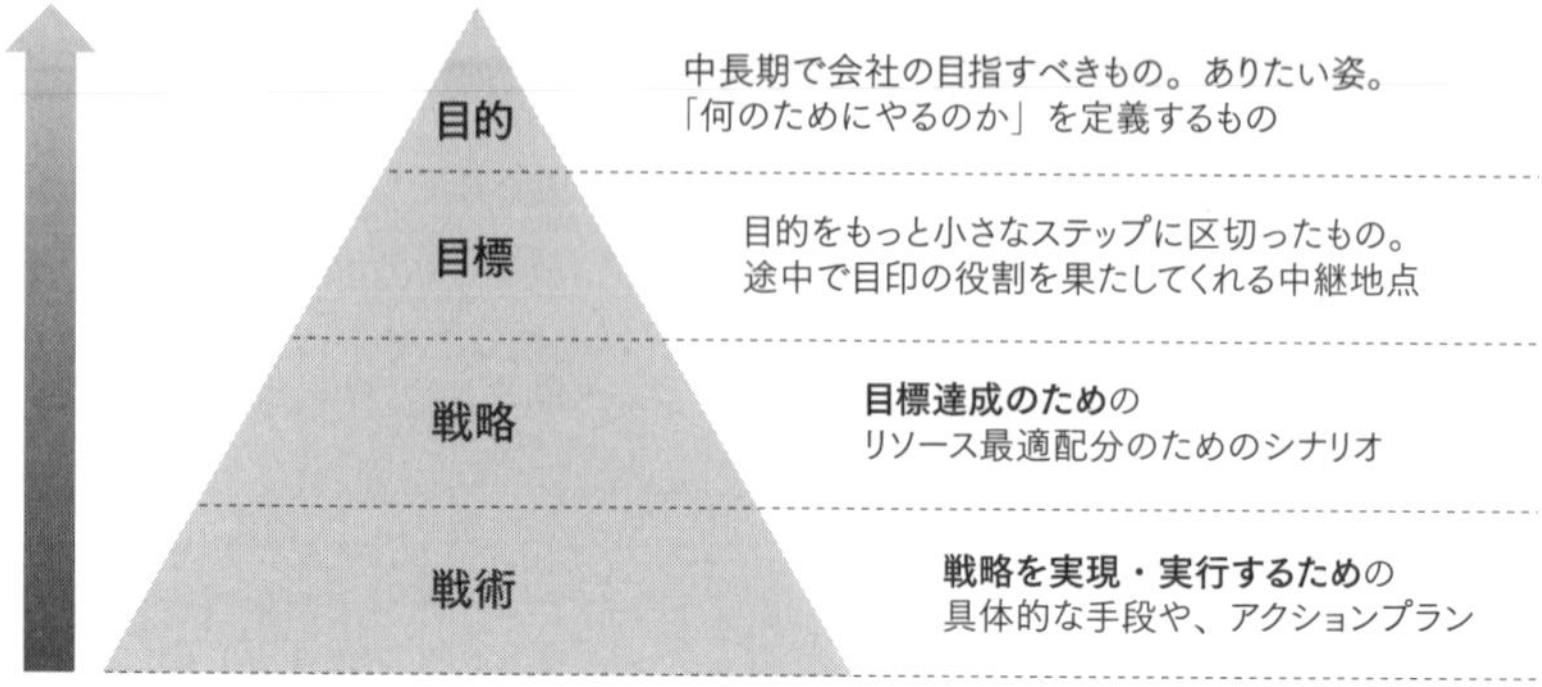

図表 4-12　戦略と戦術
戦術（プラン）は、常に「『戦略』を達成するために構築するもの」という認識を持っておこう

を指します。いわゆる「プラン作成」といわれているものは、この戦術の構築だといえます。

このピラミッド構造を改めて整理すると、

- 目標は、目的を達成するためにある
- 戦略は、目標を達成するためにある
- 戦術は、戦略を達成するためにある

という主従関係が読み取れます。ここで特に着目すべき点は、3つ目の「戦術は、戦略を達成するためにある」という点です。この視点はよく抜け落ちるポイントであり、皆さんも普段プラン（戦術）を作成する際、無意識に「売上（目標）が上がるか」を目指し構築してしまうのではないでしょうか。トレードマーケティングにおいては、プラン（戦術）は、戦略を達成するためにつくられるべきものであり、売上（目標）を目指してプラン構築をすると、前述した「弊害」を発生させてしまいます。リソースが限られているがゆえに、戦術は、「戦略」達成のために構築されるのだという点を、ぜひ理解しておいてください。

また、「戦略は、目標を達成するためにある」ということも正しく捉えなければなりません。つまり、戦略においては、目標達成ができるだけの「十分性」が担保されなければならないということです。戦略の内容は必ずしもひとつに絞らなければならないわけではなく、すべての戦略が実現された際には、目標が達成されるという十分性が必要なのです。もちろん十分性を担保すべく、細かい戦略を乱立させることは間違っており、限られたリソースで実現するための「実行可能性」も同時に担保しなければなりません。**戦略とは、「目標を達成するための、十分性と実行可能性」を同時に満たさなければならない**ということです。当然戦術と戦略の関係性も同様で、戦術には、戦略達成のための「十分性」「実行可能性」が求められます。

この、目的から戦術までの主従関係を理解したうえで、ＫＧＩ・ＫＰＩとはどこに位置するものなのか確認しましょう。

ＫＧＩは“Key Goal Indicator”の頭文字をとったものであり、「重要目標達成指標」と表現され、またＫＰＩは“Key Performance Indicator”であり「重要業績評価指標」と訳されます。**図表4―13**にある通り、**KGIは「目標」を具体的に数値化したものであり、目標の達成度を定量的に測る指標です。**

例えば、「○○カテゴリーでNo.1企業になる」という目標を掲げても、実際にどれだけの売上を達成すればNo.1企業になれるかは分かりません。そのため、ＫＧＩとして「売上金額○○億円」「売上前年比○○％」といった定量的な指標を設けるのです。

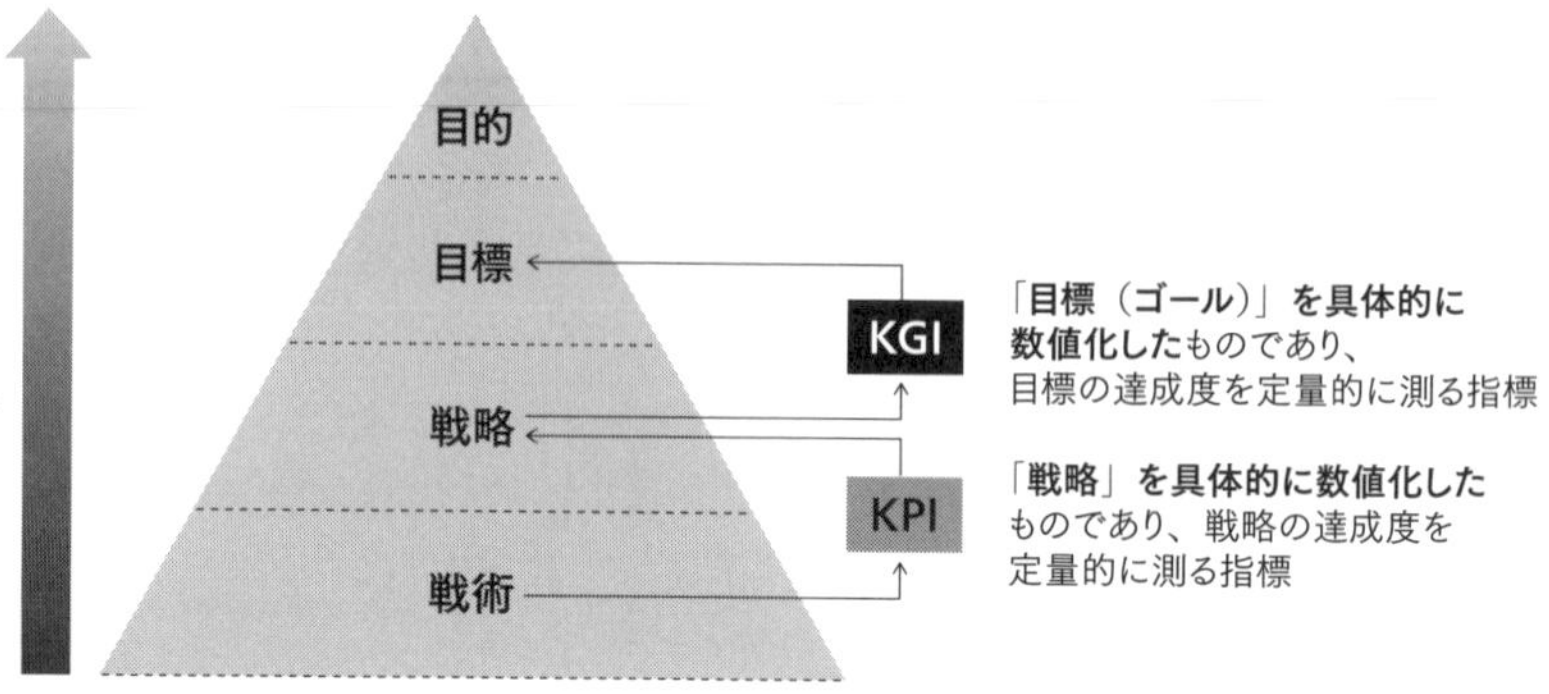

図表 4-13　KGI と KPI
目標や戦略の達成度を適切に測るため、それらを具体的に数値化したもの

一方**ＫＰＩは、「戦略」を具体的に数値化したものであり、「戦略の達成度」を定量的に測る指標です。**例えば、「注力小売において、主力バージョンの全ＳＫＵの配荷を獲得する」という配荷戦略があったとすると、具体的に「何のＳＫＵを」「何店舗に」「いつまでに」などを具体的な定量指標として設定します。また、戦略の達成度を定量的に測る指標とするため、ＫＰＩは「毎月、もしくは四半期ごと」の時間軸を設定し、事業年度内で、差異を正しく軌道修正できるように事前設計しておく必要があるのです。

このＫＰＩが設計できていないと、**日々のビジネス進捗を「売上結果」だけで判断することとなり、どういった軌道修正を行うべきかの判断軸である、具体的な問題点やその根本原因を正しく探求することができず、結果として目標達成シナリオを描き続けることが難しくなります。**そのため、ＫＰＩ設計は戦略構築と必ずセットで実行することが求められ、トレードマーケティングの「企画」実践においても、戦略構築ステップの次に、ＫＰＩ設計が位置しています。

なおＫＧＩ・ＫＰＩは、「目標」の具体的数値化、「戦略」

の具体的数値化、という性質を持っていることから、

・戦術（アクションプラン）を実行することで、ＫＰＩが満たされ、戦略が達成される
・戦略を実行することで、ＫＧＩが満たされ、目標が達成される

という関係が成り立つ、ということを必ず理解しておいてください。

ところで、トレードマーケティングにおけるＫＧＩ・ＫＰＩにはどのようなものが存在しているでしょうか。具体的な戦略構築の実践に入る前に整理しておきましょう。

トレードマーケティングは、担当ブランドや担当カテゴリーに関して、フィジカル・アベイラビリティ軸でブランド育成の責任を担っていることから、目標は「売上・利益」軸のＫＧＩになっており、おおよそ「売上高（シェア）」「利益高（利益額・利益率）」「販促費率」といった指標が設定されているでしょう。

そしてそれらの目標を達成するための「戦略」は、先のビジネスレビューで見たように、店頭の売上レバーである「4C領域（店内タッチポイント）」および「ショッパーコミュニケーション」で形成されます。ＫＰＩは定量的にトラッキングできなければならないため、主に前者の4C領域の可変量をＫＰＩとして設定します。例えば、配荷店舗数、平均売価、棚シェア、アウト展開頻度、などが挙げられます。

リソース投下の「優先順位」と「最適配分」を考える

それでは、具体的にどのように戦略をつくるのか見ていきましょう。戦略構築の方法は数多くありますが、トレードマーケティングにおいては、「Where to play／How to win」で構築すると非常に効果的です（図表4―14）。この方法論は、決してトレードマーケティングの流通戦略構築だけのものではなく、メーカーにおける日々の戦略づくりのフレームワークとして非常に有用なため、ぜひこの機会に覚えておくと良いでしょう。

これまで具体的な例として「新興ブランドの高級ボディソープ」を挙げてきましたが、まずWhere to play/How to winの構築方法を客観的に理解いただくために、ここではまず、メーカーで使う一般的な方法論をお伝えし、最後に改めて「高級ボディソープ」での実践例を共有したいと思います。

Where to playは直訳すると「どこで戦うか」であり、「リソース投下の優先順位」を決める軸です。先のビジネスレビューの結果から、どこにリソースを割くと投資効果が最大化するのか、を様々な条件から判断し、「戦う領域」の優先順位を決定します。

How to winは「どうやって勝つか」と訳されますが、「リソースの最適な配分や使い方」を定義する軸です。ヒト・モノ・カネ・情報・時間を、Where to playにおいてどうやって組み合わせれば、目

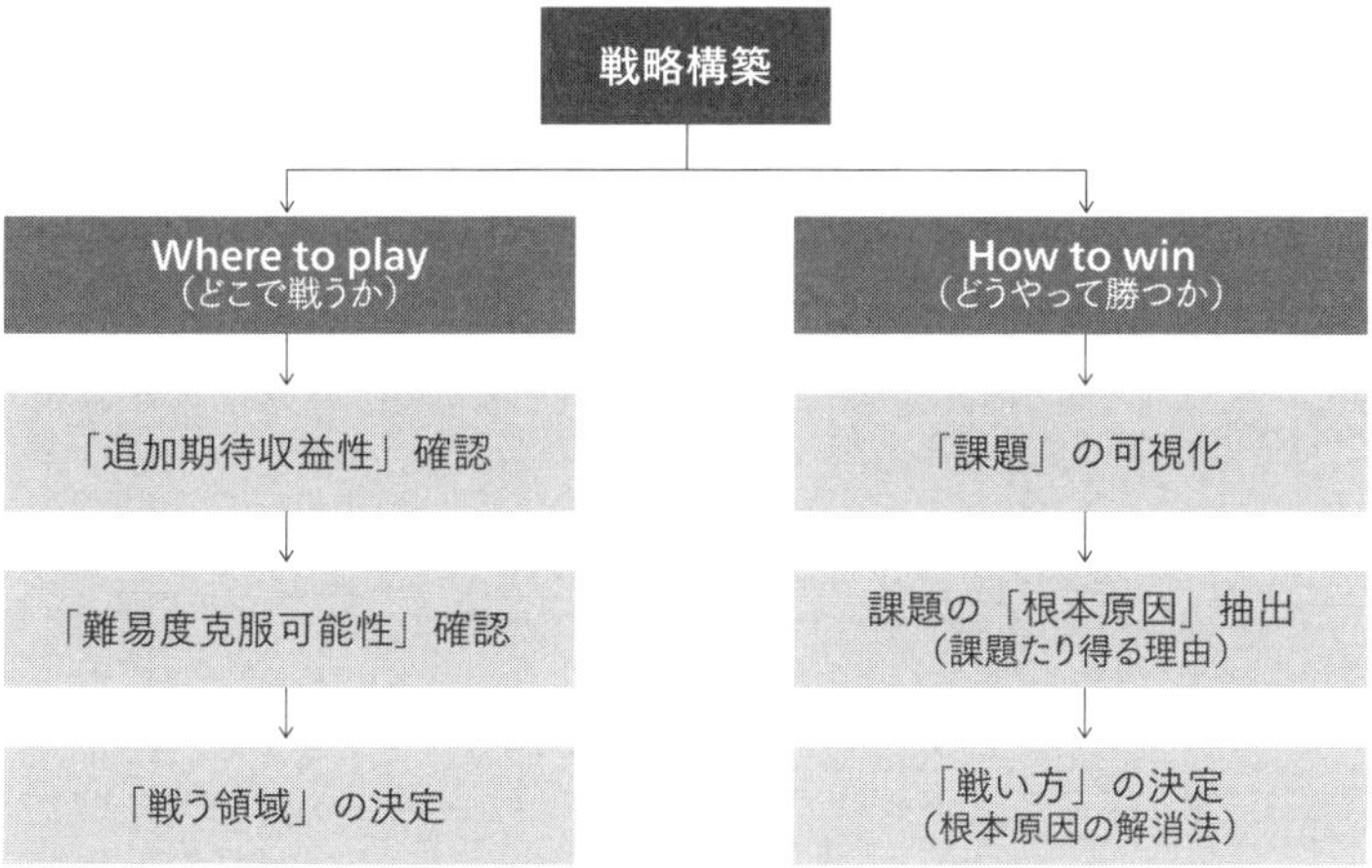

図表 4-14　戦略構築フレームワーク
特に Where to play の「難易度克服可能性」や How to win 全般は、
よくある戦略議論で抜けがちになるポイント

標達成ができるのか、を決めていきます。

　このWhere to playとHow to winをセットで「戦略」とし、その戦略を実現するためのアクションプランが「戦術」というわけです。

　まずWhere to playでは、リソース投下の優先順位を①追加の期待収益性と②難易度克服可能性の2軸で決定します。追加の期待収益性とは、どの領域が、今後の自社の伸びしろがあるかという点であり、期待収益性を計る領域としては例えば

・チャネル別（どのチャネルに伸びしろがあるか）
・エリア別（どのエリアに伸びしろがあるか）
・小売企業群別（主要○○社、広域流通群など、どの企業群に伸びしろがあるか）
・ブランド別・サブブランド別
・商品セグメント別（サイズ・機能便益・剤型・価格帯など、どのセグメントに伸びしろがあるか）

などが存在します。特にトレードマーケティングはブランド軸で実践することから、Where to playの領域は、主にチャネル別、ブランド別・サブブランド別、商品セグメント別などが対象となり、エリア別や小売企業群別の領域は、主に営業部署で構築される営業戦略において定義される領域となるでしょう。

期待収益性の計り方は、まずはビジネスレビューでも見た「ベンチマークブランド」との差異から把握すると良いでしょう。本来、小売に対し類似する提供価値があるにもかかわらず、伸びしろが、伸びしろたり得るということは、言い換えれば戦い方（How to win）さえ強化できれば、その伸びしろが実現する可能性が十分にあるということです。ベンチマークブランドと同等レベルまで拡大したとき、どのくらいの収益性があるか、が期待収益になります。また、消費者トレンド自体が強い時には、そのマーケットトレンドも期待収益に組み込みましょう。

- 自社ブランドはまだ専門店チャネルを開拓できていないが、すでにベンチマークブランドはシェアを持っている。同等レベルまで開拓できれば、「30億円」の追加期待収益性がある（Where to play：専門店チャネル）
- これからの成長市場である「オーガニック機能便益」のセグメントでは、ベンチマークブランドがシェアNo.1をとっているが、自社ブランド内のオーガニック系サブブランドは、まだ1％しかない。同等レベルまでいけば、「40億円」の追加期待収益性が存在する（Where to play：オーガニック

機能便益）

・生活防衛意識の高まりから、大容量サイズのトレンドが加速している。大容量マーケットが拡大した際にベンチマークブランドと同等の10％シェアを獲得できていれば、「50億円」の追加期待収益が見込める（Where to play：大容量サイズ）

一方で、未だ「伸びしろ」になっているということは、これまで何らかの難易度が存在してきたという可能性もあります。追加期待収益性はあれど、もしその難易度が超えられない場合には Where to play にはなり得ないため、「難易度克服可能性」がどの程度あるかも、同時に確認が必要です。

Where to play 設計における「難易度」ですが、一言でいうと「ヒト・モノ・カネ・情報・時間」における不確実性の有無やその大きさを指します。

例えば、「越境ＥＣ」という、日本メーカーが中国に倉庫や自社商品の在庫を持ち、中国在住者がＥＣで購入すると、そのまま中国国内で出荷され物流が完結する、という仕組みがあります。中国在住者からすると、日本からの輸出入コストもかからず、またわざわざ日本に来なくても安く日本の商品が手に入るため非常に便利な仕組みですが、これを実現するためには、中国から事前に様々な許可証を発行してもらわなければなりません。

もしベンチマークブランドが越境ＥＣで収益を大きく上げていて、期待収益性が高かったとしても、仮にこの許可証取得に2年かかるのであれば、事業年度（1年間）で設定されている目標を達成するための戦略（Where to play）にはなりません。なぜならばこの「許可証取得」という難易度は、物理的に1年間という「時間」のリソースをかけても乗り越えられない難易度だからです。この場合は、単年の目標達成のための「流通戦略」ではなく、中期経営計画の「経営戦略」のWhere to playとして掲げられるべきです。

また、例えばECサイトで非常に人気のDtoCブランドが、オフライン店舗で成功している類似のDtoCブランドをベンチマークとして、オフラインへ販路を拡大しようと試みたとします。ここで挙げられる難易度が、「オフラインチャネルへ進出するためのコネクション（ヒト）がない」「マスでサポートするだけのカネがない」「小売企業と向き合うノウハウ（情報）がない」などの、ヒト・カネ・情報の難易度でしょう。ただし、これは比較的簡単に乗り越えられる不確実性なのではないでしょうか。

ヒトやノウハウ（情報）については、まさにトレードマーケティングコンサルタントに依頼すれば解消される難易度であり、またカネについても、一部の小売企業からのスタートであれば、そこまで投資をする必要はありません。この場合は、「難易度の克服可能性がある」と捉え、オフライン販路をWhere to playに設定することができるでしょう。

このように**Where to playは、ベンチマークブランドとの差異や消費者トレンド、また市場開拓難易度を鑑み、「今後の収益可能性が大きく、現状のリソースを鑑み、難易度克服（＝実現）が可**

能」な領域を選定し、決定します。

Where to play を決定したあとは、続いて「リソースの最適な配分や使い方」を決める「How to win（どうやって勝つか）」です。勝つ方法を定義しなければならないため、まずその領域の「課題は何か」、そしてその「課題の根本原因は何か（なぜ課題たり得るのか）」を順番に抽出し、根本原因解決のための方針（How）を決定していきます（**図表4―14**）。つまりHow to win は、

・追加期待収益実現のための、Where to play 領域における「課題の根本原因解決のための、リソースの使い方」を決めるステップ

といえるでしょう。

How to win の具体的ステップである「課題の可視化」「課題の根本原因抽出」（**図表4―14**）は、トレードマーケティングの実践に限っていえば、まさに前述のビジネスレビューのステップで実施した「KPIレビュー」「インサイトレビュー」であり、**4C領域における伸びしろや、そしてその根本原因である「バイヤーインサイト」は何か、がHow to win を決める材料になっています。**

ほかにも、営業部署が構築する営業戦略であれば、バイヤーインサイト以外にも、商慣習や競合独自の契約などのビジネス構造や、コネクションやノウハウの有無などの社内課題も、一般的な課

題やその根本原因として複数挙げられるでしょう。

トレードマーケティング視点の流通戦略

先のWhere to play領域の例をとって、ベンチマークブランドとの差異を埋めるための「課題の可視化」と、「課題の根本原因抽出」を整理すると、例えば

・専門店チャネル開拓においては、そもそも社内に開拓のためのコネクションやノウハウが薄いため（根本原因）、なかなか配荷が進まず、まずは主力1SKUの全店配荷獲得が課題となっている（配荷課題）

・バイヤーからはオーガニック系は利益貢献セグメントと認識されているものの、平均を下回る利益貢献しかできていないため（根本原因）、ベンチマークのオーガニック系ブランドとは、アウト展開の頻度において負けている（アウト展開課題）

・ベンチマークブランドがチャネル別に複数の大容量サイズ（3倍・5倍サイズ、など）を品揃えしているのに対し、自社はホームセンター用の大容量サイズしかなくドラッグストアの品揃え方針と合わないため（根本原因）、ベンチマークと比較し、ドラッグストア定番での棚スペースに大きな差がある（棚割り・配荷課題）

などが挙げられるでしょう。そのうえで、その根本原因解決のための「リソースの使用方針」をHow to winとして決定していきます。Where to play／How to winを統合すると、次の内容がそれぞれの流通戦略となります。

・専門店チャネルにおいて（Where to play）、これまでの自社独自開拓ではなく、新規で「専門店卸チーム」を組織し卸店とのパートナーシップ強化を優先することで、専門店での主力1SKUの全店配荷を獲得する（How to win）。これにより『30億円』の追加収益を期待する。
・オーガニック機能便益セグメントにおいて（Where to play）、高利益ＳＫＵとの併買を促進するプロモーション戦略によってブランドトータルの利益率を改善し、自社オーガニックブランドの山積み頻度を現在の2倍まで拡大する（How to win）。これにより『40億円』の追加収益を期待する。
・ドラッグストアの大容量サイズにおいて（Where to play）、自社ブランドのサイジング戦略の見直しによるドラッグストア向け大容量サイズの発売のみならず、新しい品揃え・プロモーション戦略導入により、棚スペースを1・5倍に拡大する（How to win）。これにより『50億円』の追加収益を期待する。

これらのように戦略を立てることができるでしょう。注意したいのは、追加期待収益性がありそうな、すべての領域において戦略を構築しなければならないのではなく、あくまで前述の通り「『目

戦略			戦術
Where to play	How to win	追加期待収益	
専門店チャネル	新規で専属の専門店卸チームを組織し、卸店とのパートナーシップ強化を優先することで、専門店での主力1SKUの全店配荷を獲得する	30億円	・パートナーインセンティブ ・専門店専用SKU発売 ・カスタマーサクセス組織構築
オーガニック機能便益セグメント	高利益SKUとの併買を促進するプロモーション戦略によってブランドトータルの利益率を改善し、自社オーガニックブランドの山積み頻度を現在の2倍まで拡大	40億円	・高利益SKUとの同時山積みコンセプト&販促物 ・併買促進企画品
ドラッグストア大容量サイズ	自社ブランドのサイジング戦略の見直しによるドラッグストア向け大容量サイズの発売のみならず、新しい品揃え・プロモーション戦略導入により、棚スペースを1.5倍に拡大	50億円	・ドラッグストア向け大容量サイズ発売 ・ブランド配荷優先順位変更 ・大容量アウト展開インセンティブ

図表4-15　戦略と戦術の例
戦略や戦術構築においては、十分性と実行可能性を常に意識する

標』を達成するうえで十分性と実行可能性がある」戦略を立てるべきだということです。

つまり、仮に3つすべての戦略に「実行可能性」があり、かつ投下するリソース量が同じ、という前提においては、もし目標売上高が「前年差+40億円」であるならば、ふたつ目もしくは3つ目のいずれかにリソースを注力すればよく、もし「前年差+100億円」であれば、3つすべての戦略に取り組むことが求められるということです。そのうえで、その後、戦略を実現するための戦術が構築されるのです（**図表4―15**）。

最後に、ビジネスレビューから例示してきた高級ボディソープブランドに当てはめると、どのようなトレードマーケティングの流通戦略が立てられるか見ておきましょう。

まず**図表4―11**を振り返っていただくと、

KPIレビューからは、課題である「4C領域の伸びしろ」と、インサイトレビューからは、課題の根本原因となる「バイヤーインサイト」が見て取れるでしょう。これらを鑑みて、Where to play／How to winを統合すると、次のように構築できます。

- 自社ブランドの本体SKUにおいて（Where to play）、トライアルプラン含む中長期プロモーション戦略（頻度・量）を強化しSKU効率改善をコミットすることで、本体の配荷を拡大する（How to win）
- ドラッグストアの自社No.2以降のバージョンにおいて（Where to play）、新ブランドキャンペーン（選ぶ楽しさを訴求）と連動した店頭プロモーションを継続的に実施しリピートおよび客単価の強化に貢献することで、取扱いバージョン数の拡大を図る（How to win）
- 全国の取り扱い企業において（Where to play）、女性の若年層（Z世代）向けの徹底的なトライアル施策を導入し、高級ボディソープセグメントへのマーケットエントリー（集客）拡大に貢献することで、アウト展開頻度の増加を図る（How to win）
- 主要小売企業において（Where to play）、プロモーションの差別化戦略を導入し、バイヤーの「独自成果の欲求」を叶え、担ぐ価値を強化することで、アウト展開時の規模を最大化する（How to win）
- 全国の取り扱い企業において（Where to play）、アウト展開の販促物のオペレーション効率化を徹底的に図ることで、販促物設置量・設置率を改善し、ショッパーのSTOP/HOLD/CLOSEを向上させる（How to win）

レビュー種類	目的	ラーニング（例示内容）	
カテゴリーレビュー	【売れるのか】 売上拡大の打ち手	・女性の若年層の売上が縮小 ・必需品について大容量サイズに需要がシフト ・ブランドAは発売後のSNS大規模ジャックで、若年層の認知獲得＆購入促進	・ブランドBは発売時の大々的な山積みで、ショッパーの店頭での配荷認知を獲得、売上拡大 ・統一デザインの販促物設置で、ショッパーのSTOPが向上、売上拡大
	【売りたいか】 カテゴリー成長戦略	・昨年から平均単価が回復し1回当たり消費量も微増 ・今後外部環境変化による販管費の上昇で、安売り施策が難しくなり、客数減少のリスクが発生	・こだわりの強いZ世代の台頭で、プレミアム化が進む ・市場拡大のためには、単価下落を阻止し、消費量の上昇ペースの加速が不可欠
自社レビュー	自社の カテゴリー 価値	・定価の低いお試しサイズが試用ハードルを下げ、本体が拡売 ・複数の香りの品揃えで、香りを選ぶ楽しさを訴求し、リピート強化	・香りテスターの完全設置で、価格に見合った価値を実感し、試用促進 ・若年層のブランド認知が非常に高く、若年層向けトライアルキャンペーンで試用促進
		・カテゴリーで苦戦している購入率が、自社は継続して上昇し購入者数が伸長中	・平均単価も継続伸長。カテゴリー平均から2倍の価格を保持
店頭レビュー	【KPIレビュー】 4C領域の 伸びしろ	・全国で本体SKUの配荷店舗数（配荷率）に差異 ・ドラッグストアで配荷取り扱いバージョン数が少ない（バージョン別の配荷率比較）	・**アウト展開の実施頻度がベンチマークよりも少ない** ・アウト展開の展開規模がベンチマークよりも小さい ・価値伝達に重要な販促物設置が、アウト展開時にない
	【インサイトレビュー】 バイヤー インサイト	・本体はメインSKUの品揃えで十分だと思っている。取り扱いを増やしたところで売れない ・シェアも低く、バージョンを増やしたところで、客数・客単価が何も改善しない	・**買い物頻度の減少による女性の若年層縮小で、アウト展開では客数拡大のため「集客ブランド」に注力** ・店頭差別化ブランドから大衆ブランドになってしまい、展開の規模感を確保する意味が希薄化 ・販促物の種類が多く、オペレーションが大変で店舗に設置を強いたくない

図表4-16　ラーニングの組み合わせによる戦略構築
組み合わせるだけで、「バイヤーの課題を、どのように自社の強みで解決するのか」の方針を定義できる

ここで重要なのは、カテゴリーレビュー・自社レビューで抽出した**「インサイトの言語化」「カテゴリー成長戦略」「自社のカテゴリー価値」のラーニングを組み合わせ、How to win の戦略方針とする**ことで、KPIレビューで確認した4C領域の課題の根本原因となっている、「満たされていないバイヤーインサイト（売りたいか・売れるのか）」を満たしてあげることができる、ということです。

つまり、3つ目の戦略例をとると、店頭レビューで明らかになった、「女性の若年層が減少しており、集客（客数アップ）に注力したいから、高級ボディソープは『売りたくない』」というインサイトに対し**（図表4―16：下線部）**、カテゴリー成長戦略で捉えたZ世代の動向や、自社のカテゴリー価値で抽出した「女性の若年層のトライアルを促進できる／購入者数が増加している」というラーニングを組み合わせ**（図表4―16：アミかけの箇所）**、「女性若年層向けのトライアル施策によりマーケットエントリーを促す（女性若年層の客数アップ）」という戦略を掲げることで、その戦略自体が「バイヤーの課題を、自社の強みで解決する」ソリューションとなっているのです。

このように、構造化されたビジネスレビューによってファクトやインサイトを十分に抽出することさえできていれば、それらを複合的に組み合わせるだけで、いかなるブランドであっても、自社の強みを生かした「小売企業とのWin―winの流通戦略」を構築することができ、それがフィジカル・アベイラビリティの最大化につながるのです。これこそが、トレードマーケティングの実践なのです。

ＫＰＩ設計は４Ｃ領域から考える

「企画」フェーズの次のステップは「ＫＰＩ設計」です。ＫＰＩとは「戦略が具体的に定量化されたもの」であり、そのため「戦略の達成度」を定量的に測る指標として活用されると前述しました。**目標達成のための戦略の十分性が担保されている限り、戦略がすべて実行された時（ＫＰＩがすべて満たされた時）には、目標は達成（ＫＧＩが達成）される**、という関係性にあるため、言い換えれば、目標を達成できていない時は、何らかの戦略が実現されておらず、つまりＫＰＩに何らかの進捗の遅れが見られるということです。そのため日々の売上進捗に関する説明責任も、本来は「売上が達成したか、しなかったか」ではなく、常にＫＰＩを用いて「戦略が実行されたか、されなかったか」で果たすべきであり、ＫＰＩを軸に振り返ることで、適切なタイミングで適切な軌道修正ができ、結果として目標を達成しやすくなるのです。

毎月の売上レビューで「今月の売上が達成しなかった原因は何か」が延々と議論される、ということも耳にしますが、これは、ＫＰＩが正しく設計できていないために起こる議論です。最適なＫＰＩ設計がなされれば、常に「どこに問題があるか」が明確になるため、こういった無駄な議論も少なくなるでしょう。設計されたＫＰＩに基づく具体的な振り返り方については、第６章で詳述します。

ＫＰＩ設計にあたっては必ず満たすべき条件があり、それは次の５つです。これらがひとつでも欠けると、ＫＰＩとして機能しないため注意が必要です。

- トラッキング可能か（定期的・定量的）
- 達成期限があるか
- 改善できる指標か
- 実行可能性はあるか
- ＫＧＩを達成するために十分か

まず、そもそも戦略の達成指標であるＫＰＩのトラッキングができなければ、現在のビジネス進捗が、戦略達成の道筋どおりに上手く進んでいるかどうか判断できません。そのため、ＫＰＩとして設定する指標は「定期的に定量的に抽出できる」指標でなければなりません。データベースから収集するなど、必ずしも機械的に抽出可能な数字である必要はありませんが、例えば営業報告数字をＫＰＩとする場合、「毎月の報告プロセスを導入する」などの仕組み化ができていないと、ＫＰＩとしては機能しづらくなります。

また、達成期限がなければ適切なタイミングで振り返ることができず、最悪の場合、軌道修正することなく、期末になって初めて出てきた指標をそのまま受け入れるだけになりかねません。そのため指標の抽出可能タイミングにあわせ、毎月、もしくは四半期ごとの達成地点をＫＰＩとして設定することが望ましいでしょう。

その指標を改善できるか否かは、ＫＰＩ設計の目的である日々の「軌道修正」をするためにも不可欠です。直接的にも間接的にも改善の手立てを講じることができなければ、期中で指標の進捗遅れが発覚したとしても、軌道修正をすることができず、実質上ＫＰＩが機能しないためです。常にＫＰＩのオーナーがＫＰＩの改善アクションオーナーであるべきです。

最後に「実行可能性はあるか」と「ＫＧＩを達成するために十分か」は、まさに目標達成に対する戦略の「実行可能性」と「十分性」を指しています。結局ＫＰＩを設計したところで実行できなければ、またもしすべてＫＰＩを満たして戦略が実現されたところで、定量化された目標数値（ＫＧＩ）が達成されなければ、ＫＰＩ設計は片手落ちといえるため、ＫＰＩ設計後に改めてこれらの関係性が担保されているか、注意深く確認することが必要です。


次に、トレードマーケティングにおける適切なＫＰＩとは何かを見ていきます。

前のステップの「戦略構築」で立案したトレードマーケティングの戦略は、主に４Ｃ領域やショッパーコミュニケーションをベースにHow to winが設計されていると思いますが、トレードマーケティングのＫＰＩにおいては、一番定量化しやすい「４Ｃ領域（店内タッチポイント）」で設定するのが良いでしょう。店頭での売上可変レバーとしてショッパーコミュニケーションも存在しますが、定量的なトラッキングが困難なことからＫＰＩには不向きです。

・配荷：配荷率／配荷店舗数／配荷ＳＫＵ数
・価格：平均価格／頻出価格／目標価格頻度
・棚割り：棚シェア／位置／定番ＳＫＵ数
・アウト展開：アウト展開頻度（ブランド・ＳＫＵ）／店舗実現率

戦略で設定した各４Ｃ領域の「到達目標地点」をＫＰＩとして設定していきますが、「配荷」についてでは、インテージＳＲＩ＋で抽出する配荷率や、自社の店舗別出荷実績から抽出する配荷店舗数や配荷ＳＫＵ数をＫＰＩとして設定するのが良いでしょう。また「価格」は、インテージＳＲＩ＋で市場価格のほとんどの種類をカバーできるため、いずれかをＫＰＩ化します。

棚割りについては、現状はどうしても営業報告に頼らざるを得ないため、四半期、もしくは棚割り商談時期にあわせて半年ごとに報告をもらい、ＫＰＩとして設定するのが良いでしょう。

最後のアウト展開は、インテージＳＰＩなどの定点観測指標がＫＰＩ設計には最適ですが、もし取得していなければ、報告物として、営業部署から毎月商談状況を報告してもらえる仕組みをつくりたいところです。例えば「アウト展開が決まった小売企業の店舗数」をＫＰＩとしてトラッキングできるでしょう。

これらの指標を、例えば機械的に抽出できる指標は「毎月」、営業報告をベースとした指標は「四半期」の振り返りで進捗確認ができるよう、それぞれ各月・各四半期の「到達目標地点」に落とし込み、それをＫＰＩ目標として設定していくのです。

ところで、せっかく時間をかけて設計したＫＰＩであっても、いざ実践しようとすると上手く運用できず、結局使われなくなったということはよくある話です。初めてＫＰＩを設計した直後は、その運用に慣れるまでは手間やストレスも多くかかるため、ＫＰＩがあることによるメリットよりも心理的コストを強く感じてしまい挫折してしまうというものです。ただ、その挫折の原因には、運用上の欠陥があることがほとんどであり、心理的コストを軽減し、ＫＰＩをそのまま生きた指標とするためには、どのように運用していくかも非常に重要なポイントです。最後に、運用上の気をつけたい点も押さえておきましょう。

・どのタイミングで、どのＫＰＩをレビューするか決める
・売上の達成・未達成を必ずＫＰＩで評価する
・ＫＰＩのオーナーを明確にする

ＫＰＩをトラッキングするためのデータソースは、データベースから機械的に抽出するものやデータ会社から定期的にもらうレポート、営業からの報告ベースで収集するものなど様々あります。そのためトラッキングデータを収集するタイミングもバラバラであり、必要なデータが上手く揃わないことが原因で、ＫＰＩ運用が自然停止してしまうことが多くあります。これを防ぐためには、**各**

ＫＰＩの抽出時期を把握したうえで「どのタイミングで、どのＫＰＩをレビューするか」を事前に決めておくことが重要です。特に、属人的に報告するような営業報告などは完璧に集まらないことも多く、データの収集が中途半端に終わってしまうことが、トラッキングが挫折してしまう原因のひとつにもなっています。

例えば、「毎月第2金曜日」や「四半期締めから10営業日後」のように、明確にＫＰＩレビュータイミングを決定しておくことで、完璧なデータセットにこだわりすぎずに、収集できる最大限の指標で、軌道修正を行うことに注力することができるでしょう。

ふたつ目が、売上の達成・未達成を必ずＫＰＩで評価するという点です。ＫＰＩは当然ビジネス進捗確認のために活用される指標であり、当たり前に思われるかもしれませんが、これを意識し仕組み化していないと、毎月の振り返りでは「何の商品が良かったか、悪かったか」「どこにシェアを奪われたのか」「どこの小売が悪かったのか」など、戦略との紐づけがまったくなされない事実だけの売上レビューに終始し、なんとなく分かった気になってしまうのです。こういったレビューが続くと、一時的にシェア減少を食い止めるための、対症療法的な部分最適の打ち手が増えるだけでなく、戦略実行の問題点に気づけないため、根本原因が解決されずに同様の問題がその後も表出し続けます。**売上のレビューはあくまでＫＰＩに基づく戦略レビューであるということを意識するだけで、振り返りの質は大きく改善する**でしょう。

最後の運用ポイントが、ＫＰＩのオーナーを明確にするということです。繰り返しになりますが、ＫＰＩは「戦略実現のための軌道修正」のために実施します。ＫＰＩのオーナーが曖昧になっていると、ＫＰＩにより「ビジネスの可視化」ができたことで満足し、一番重要な軌道修正議論がなおざりになってしまうのです。見えてきた進捗課題に対し、「誰が」その改善のためのオーナーシップをとるのか、どういったネクストアクションになるのか、を明確に決めておくことで、こういった問題の発生は防げるでしょう。

アクションプランで「強みの発揮」を具体化させる

企画の最後のステップは「戦術構築」です。戦術とは、いわゆる具体的なアクションプランのことです。前述の通り、戦術は「目標」を達成するためのものではなく、あくまで「戦略」を実現するために構築されるという点は、改めて注意が必要です。

先に構築した戦略（Where to play と How to win の組み合わせ）でいえば、**戦術は「How to win」を実現するための「プラン」であり、目標と戦略の関係と同様に、もちろん戦術にも How to win を満たすための「実行可能性」と「十分性」が求められます。**

もし、ここまで質の高いビジネスレビューと戦略構築ができていれば、戦術構築は非常にシンプルでしょう。「企画」における各ステップの役割を改めて整理してみれば、それが分かるはずです。

・【カテゴリーレビュー】で、どうすればカテゴリーが継続的に成長するか、の方向性である「カテゴリー成長戦略」と、そのカテゴリーでどうすれば「売れるのか」の方法論を特定する
・【自社レビュー】で、自社ブランドが、どのようにカテゴリー伸長に貢献できるかの「カテゴリー価値（強み）」を抽出する
・【店頭レビュー】で、自社の店頭課題（伸びしろ）と、その根本原因であるバイヤーインサイト（バイヤーの困りごと）を抽出する
・【戦略構築】で、自社の店頭課題解決のために、どのように自社のカテゴリー価値を発揮すればバイヤーインサイト（売りたいか・売れるのか）が満たされるかを構築する

平たく言い換えれば、これらのステップにおいて

・バイヤーが、今何に困っていて、なぜ自社ブランドをサポートしないのか
・バイヤーの、今困っていることを解決するための自社ブランドの強みは何か
・その自社ブランドの強みを発揮する方法（確実に売れる方法）は何か
・その強みを発揮する領域はどこか（店頭での伸びしろ）
・中長期で「売りたい」と思える方向性（カテゴリー成長戦略）とは何か、そのための自社ブランドの

がすでに整理できており明確になっています。そして「自社ブランドの強みを、自社の伸びしろ領域において発揮することで、バイヤーの困りごとを解決する」方針を、すでに「流通戦略」として構築できているのです。

その具体的な方法が戦術ですから、**戦術とは「バイヤーの課題と自社ブランドの強みをマッチングさせ、バイヤー／自社双方の課題を解決する具体的な『自社ブランドの強みの発揮の仕方』」とも言い換えることができる**でしょう。つまり、戦略と紐づく「強みをどう発揮するか」の具体的なアイデアを考えれば良いのです。

戦術は、ややもすれば無意識に納品（売上）を目的に構築しがちです。戦略に紐づく「強みを発揮する方法」を軸に戦術構築できると、必然的にカテゴリー成長に寄与するＷｉｎ－ｗｉｎのプランを立てやすく、バイヤーからの受け入れ性も高くなります。例えば「アウト展開獲得に対するリベート」は、そのアウト展開自体が自社ブランドの強みを発揮する方法であるから初めて戦略実現に寄与するのであり、もし売れないブランドの単なる納品のためのリベートである場合、結局売れずにバイヤーの困りごとが解決できないだけでなく、自社ブランドの売上も拡大しないため、適切な戦術にはなり得ません。

ひとつ例を挙げてみましょう。先に見た戦略構築ステップでは、ビジネスレビューでの様々なラーニングを組み合わせ、How to win を構築しました。この組み合わせからできた戦略のひとつが、前述した次の戦略です（**図表4―16**）。

・全国の取り扱い企業において（Where to play）、女性の若年層（Z世代）向けの徹底的なトライアル施策を導入し、高級ボディソープセグメントへのマーケットエントリー（集客）拡大に貢献することで、アウト展開頻度の増加を図る（How to win）

この戦略を基に「女性の若年層（Z世代）向けの徹底的なトライアル施策」を具体的なプランに落とし込むのが「戦術構築」ステップですが、どういったトライアル施策のアイデアが考えられるでしょうか。

この例においては、自社ブランドの強みとして

・若年層のブランド認知が高い
・購入者は継続的に増加
・平均よりも高単価であり、その単価も伸びている

があり、またこのカテゴリーの「売れるのか」の方法論としては

・SNSの大規模ジャックが、若年層の認知拡大に寄与
・店頭での配荷認知がショッパーの試用を促進

がありました。この時、トライアル促進施策として「値引き」を選択することは正しい戦術でしょうか。答えはもちろん「NO」です。「戦術＝強みを発揮する方法」として考えるならば、値引きではなく「すでにブランド認知が高い若年層の、店頭での配荷認知を獲得する」ことがトライアル施策の正しい方向性のひとつと考えられるからです。

加えて、この高級ボディソープブランドは「アウト展開」という店頭領域に課題を抱えているので、アウト展開を通じてその配荷認知を促進できる施策を検討すべきでしょう。例えば、展開規模を担保する「大規模アウト展開什器の作成」や、「視認性の高い多箇所展開什器の作成」などが正しい戦術になります。アウト展開獲得を確実にするためのリベートも、この時は正しいプランになるでしょう。

また、もしこの時仮に店頭課題が「棚スペース」であるならば、今度は若年層の店頭配荷認知を獲得する定番売場の施策として、例えば「若年層向けプレミアムボディソープセグメント」を構築・提案する具体的なカテゴリーマネジメントアイデアがWｉｎ－ｗｉｎの戦術になるでしょう。

戦略に紐づけて、自社の強みを発揮するよう構築したプランは、非常に説得力があります。

・今回リベートを用意するので、アウト展開を実施してください
・弊社ブランドは若年層の認知が非常に高く、「配荷認知」を獲得することが若年層のマーケットエントリー（客数アップ）に直結します。配荷認知を促進するために、アウト展開を実施してください

このふたつを眺めるだけでも、説得力の違いを感じられるかと思います。戦術構築ステップでは、これまでつくった「戦略との紐づけを意識する」だけで、自社ブランドの課題解決だけを目指したプラン構築ではなく、**自然と「バイヤーの課題と自社ブランドの強みをマッチングさせ、バイヤー／自社双方の課題を解決する具体的な『自社ブランドの強みの発揮の仕方』」を構築することが可能となる**のです。

そして戦術構築の最後は「ヘルスチェック」です。構築した各プランが、戦略を実現するうえで（KPIを満たすうえで）、「実行可能性」と「十分性」が担保できているかを必ず確認してください。特に、戦術構築における実行可能性においては、「そのプランが『売りたいか』『売れるのか』を満たしているか」で、実行可能性の程度を推し量ることが可能です。

これまで「企画」フェーズにおける4つのステップを細かく見てきましたが、これを正しく実践できれば、このフェーズの当初の目的である

・いかなるブランドにおいても、店頭でのフィジカル・アベイラビリティ最大化（4C領域の改善）によるブランド継続育成方法を見つける

ことが可能となります。これら4つのステップすべてを一度に実践することは難しいでしょうから、できるものから徐々に実践していくと良いでしょう。

次章では、これまで構築した戦略・戦術を、どのように「セリングストーリー」として伝えるべきか、について見ていきます。

＊23 配荷認知／「店頭で販売されている」という認識のこと。特に配荷が限定されている商品においては、この配荷認知を獲得することが、店頭売上を拡大するための鍵といわれている

＊24 STOP効果／ショッパーが店頭で、自社商品に気づき、そして目に留めてもらう効果。STOPの力が弱いと、そもそも購入の選択肢に入らないため、購入されない

＊25 相乗積／利益貢献度を表す指標であり「粗利益率×売上金額シェアの積」で求められる。

＊26 出典：リチャード・P・ルメルト著『良い戦略、悪い戦略』（2012）

第5章

実践3

正しく伝え、正しく伝わる

バイヤーインサイトに基づいた表現で「伝わる」

続いてのトレードマーケティングの実践が「実行」フェーズです。営業部署の実行は、売り込みや店頭実現ということになりますが、トレードマーケティングの実行は、自らが構築した戦略やアイデアを伝える手段に落とし込むための「セリングストーリーの構築」を指します。トレードマーケティングはセリングストーリーの構築責任者であり、この完成度次第で、全国の小売企業からのサポートレベルが大きく変わるため、ビジネスインパクトが非常に大きく、まさにトレードマーケティングの醍醐味といえるでしょう。

セリングストーリーで最も重要な点は、**「その戦略の価値が100%『伝わる』か」**ということです。一般的な商談資料でも「伝える」ことはできますが、この**「伝える」ための商談資料と「伝わる」ためのセリングストーリーはまったく異なります。**

商談資料では「一方的かつ網羅的に伝えることを重視し、聞き手に伝えたいことを『解釈してもらう』」ものがほとんどです。具体的にいうと、自社ブランドの優位性やプランの言及に終始し、どうやってバイヤーの課題を解決するか、なぜできるのか、の解決策の提示がないのです。そのため、聞き手であるバイヤーが自分ごと化しにくく、結果としてその提案が持つ価値が正しく伝わらないのです。これまでの実践で、「バイヤー課題を払拭し、自社の強みを発揮してカテゴリーを継続的に成長させるための具体的な方法論」を流通戦略として構築してきましたが、いくらバイヤー／自社にＷｉｎ－ｗｉｎの戦略・戦術を構築できたとしても、バイヤーにその価値が正しく伝わらなければ採用されることはなく、とどのつまり、店頭実現はありません。

提案内容の価値が１００％「伝わる」ために不可欠な要素は、「バイヤーインサイト」に基づき伝えることです。**インサイトに基づき、伝える内容を考慮し、構成し、伝える工夫をすることで、バイヤーを動かす「ストーリー」をつくれるのです。**

最高のセリングストーリーは、「戦略の価値が伝わり、まったく売り込まなくても、買ってくれる」状態をもたらします。言い換えれば、ブランドの売り込みを営業マンの力量に強く依存することなく、ストーリー自体が自走し、全国の４Ｃ領域（配荷・価格・棚割り・アウト展開）をまとめて強化できるのです。

「自分ごと化」させる内容で期待感を醸成

自社の提案を伝える商談時間は限られているため、それぞれのスライドの見た目の改善よりも、根本的にいかに効率的・効果的に伝わるための構成や内容をつくれるのかを理解するほうがより重要でしょう。本書でも、細かいスライドの作成方法には言及せず、押さえるべきポイントに絞って実践方法を詳述します。

伝えていることが伝わらない一番の要因が、バイヤーがメーカー提案を「自分ごと化」して聞いていないという点にあります。普段非常に多くの営業担当者と向き合い、常に自社の優位性に関する一方的な提案を受けているため、メーカーが提示する売り方の提案内容については「情報収集」程度に留まり、結局「条件交渉」の時間になって初めて、自分ごと化するのです。

これを解決し、より提案内容を自分ごと化し価値を感じてもらうセリングストーリーとするためには、作成する提案の構成と内容が非常に重要です。基本的には、これまで実践してきた「ビジネスレビュー」と、それに基づく「戦略構築」「戦術構築」を言語化していく作業なのですが、具体的にポイントを挙げると

- まず「カテゴリー成長戦略」を伝え、中長期的な課題と解決の方向性を共有する
- 自社のカテゴリー価値（強み）により「売りたいか」を満たし、自社ブランドを拡売することによる課題解決への期待感を醸成する
- 消費者・ショッパーインサイトに基づく、自社ブランドの「売れるのか」のプランによって、期待感を確信に変える

となります。これら3つの内容を順に構成していくことで「価値ある提案」として自分ごと化しや

すくなるのです。

一般的な商談資料においては、3つ目のポイントのみについての言及に留まっており、それが、バイヤーが提案自体を自分ごと化できない原因となっています。「自分ごと化」を促すうえで重要なのは1点目と2点目であり、仮に限られた時間であっても、限られたページ数であっても、この内容は最優先で語られるべきものです。

まず、「カテゴリー成長戦略」は、必ずしもバイヤーが常に認識している課題感やビジネスの方向性だとは限りません。ビジネスレビューでも詳述しましたが、カテゴリー成長戦略はそのカテゴリーの、今の「顕在課題」と将来の「潜在課題」の組み合わせからできており、バイヤー自身も見えていない課題の提示となっている場合も多いのです。だからこそ、**自社視点で語る課題ではなく、客観的にマーケットを捉えた、中長期的にカテゴリー売上を拡大していく方法（＝継続的に儲けていく方法）をバイヤーに気づかせてあげることで、その話に耳を傾けたくなるのです。**

読者の方も、消費者として同様の経験を持っているのではないでしょうか。世の中には多くの「ライフプランナー」がおり、その多くは保険会社に勤めています。ライフプランナーは自社の「保険商品」を販売するために個々人に提案を持ってきていることは誰の目にも明らかですが、保険商品を契約するか否かは置いておいて、彼らが現在のファクトから、客観的かつ中長期的に提示してくれる個々人のライフプランについては、非常に自分ごと化しやすいでしょう。例えば「このままの支出を続ければ、10年後には預貯金が尽きます」「ここで、金融商品を開始しておけば、将来は少し贅沢ができます」「お子様を私立中学に入れるのであれば、資産形成のペースを上げなければなりません」など、客観的に提示してくれる、自分が見えていない視界については、説得力が感じられるのです。

カテゴリー成長戦略も同様です。普段なかなか意識できていない中長期的な視点に立って、マーケットのファクトから見た「継続的に儲けていく方法」を客観的に提示し、その実現のために、今取りかかるべき潜在課題に気づかせてあげることで、その課題感自体を自分ごととして捉えやすくなるのです。例えば、これまでの高級ボディソープセグメントの例を挙げれば、

• 今後、こだわり商品を中心としたプレミアムSKUの店頭取扱い・店頭展開に注力をすることで、新たにZ世代の利用者を獲得しながら、同時にカテゴリー平均単価を改善し、継続的な市場拡大を達成する

という、「自社視点」ではなく「マーケット視点」での客観的な成長戦略を示すことで、「最優先に単価を上げていかなければいけない」「単価向上の方法として、特に若年層に向けたプレミアムSKUへ注力しなければならない」と、共感してもらいやすくなるでしょう。

次に、自社の「売りたいか」の期待感を醸成します。ここでは、初めに共感を得たカテゴリー成長戦略の実現のために解決すべき課題感（若年層を取り込み、単価を改善する）を、自社のカテゴリー価値によって解決できることを理解してもらうことで、「自社ブランドが売れることで、課題解決につ

ながりそう」というポジティブな期待感をバイヤーに抱かせるパートです。あくまでここで伝えるべき内容は、提供する「モノ」の価値（商品の良さ・特徴など）ではなく、「コト」の価値（商品が解決できるカテゴリー課題）であることに注意してください。

高級ボディソープブランドの例では、自社ブランドのカテゴリー価値として、次の3つを抽出していました。

- 若年層（10〜20代）のブランド認知が高く、ボディソープカテゴリーへのエントリーのきっかけになっており、今後も継続的な若年層獲得が期待できる
- 約2倍という高単価ではあるが、商品価値が伝わることで自社「高価格帯」の新規試用が促進されることが分かっており、最適な店頭展開による自社ブランド拡売で、カテゴリーの平均単価向上が期待できる
- プレミアムブランドながら商品のリピートは非常に高いため、新規ユーザーの獲得が促せれば高単価セグメントがさらに拡大し、継続的なカテゴリー単価向上に貢献できる

このうち、特にひとつ目とふたつ目の強みが、カテゴリー成長戦略を実現するうえでの強みとして活用できることが分かります。そのため、この「『売りたいか』の期待感の醸成」パートにおいては、ビジネスレビューで得られた知見とともに、自社ブランドのカテゴリー価値を正しく伝えることが不可欠です。その結果、「我々のブランドを拡売すると、カテゴリー成長戦略が実現される」と

いうロジックを、バイヤーに直感的に理解してもらうことができるのです。

そして最後に、「売れるのか」のためのプランの提示を行います。前章の戦術構築で作成した、戦略に基づく各アクションプランをセリングに変えるパートであり、簡潔にいうと、戦術構築でも実践した「中長期のカテゴリー課題と自社の強みのマッチング」の具体的な方法論を、言語化していくということです。

繰り返しになりますが、各プランをセリングする際は、往々にして商品や企画の充実度の言及にフォーカスしがちになります（第3章参照）。プランには「新商品・商品改良」「マーケティング施策」「店頭販促施策」など様々な用意があると思いますが、ビジネスレビューや戦術構築時に見てきた「ファクトの提示」や「インサイトの言語化」をセリングに必ず反映させることで、「売りたいか」で生まれた期待感が、初めて「売れるのか」の確信に変わります。単にプランの羅列にならないよう、十分注意が必要です。

バイヤー視点に立った言葉で伝える

伝わるセリングストーリー構築のための「自分ごと化」を促す構成・内容について見てきましたが、提案内容の価値が正しく伝わるためには、バイヤーインサイトに基づく「伝え方」の工夫も非

		売りたいか	売れるのか
バイヤーにとっての「価値」	売上要素分解	✓	✓
	メーカーにとっての「売る」	✓	✓
メーカーへのバイアス	小売にとってのメーカー		✓
	セルインフォーカス		✓
社内配慮	小売内での利害関係	✓	

図表 5-1　バイヤーインサイトに基づく、伝え方の工夫
バイヤーの立場に立ってセリングストーリーを見直すと、自社視点で閉じた伝え方になっていることに気づく

常に重要です。バイヤーが商談時に「何を無意識的に考慮しているのか」を理解することで、より「伝える＝伝わる」が促進されるでしょう。

　商談現場においては、ブランドマーケティングやトレードマーケティングなどの、本社の企画部門が事前に営業部署に伝達している以上のことを、営業部署が自ら工夫・発想し、ストーリーを進化させ、小売側に伝えることはありません。当然、中にはそういったセールスもいるかもしれませんが、営業部署全体にその動きを期待するのは現実的ではないでしょう。だからこそ、**各ブランドの全体最適のセリングストーリー構築責任者の一人として、トレードマーケターが「伝える工夫」まで責任を持たなければならない**のです。

　バイヤーインサイトに基づき、セリングストーリー構築の構成や内容をしっかり押さえ、かつ、このバイヤー視点に立った言葉で伝える工夫までできて初めて、一方的に伝える商談ではなく、バイヤーを動かす「伝わる」ストーリーとなるのです（**図表5―1**）。

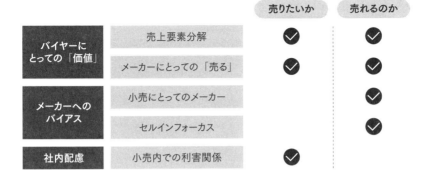

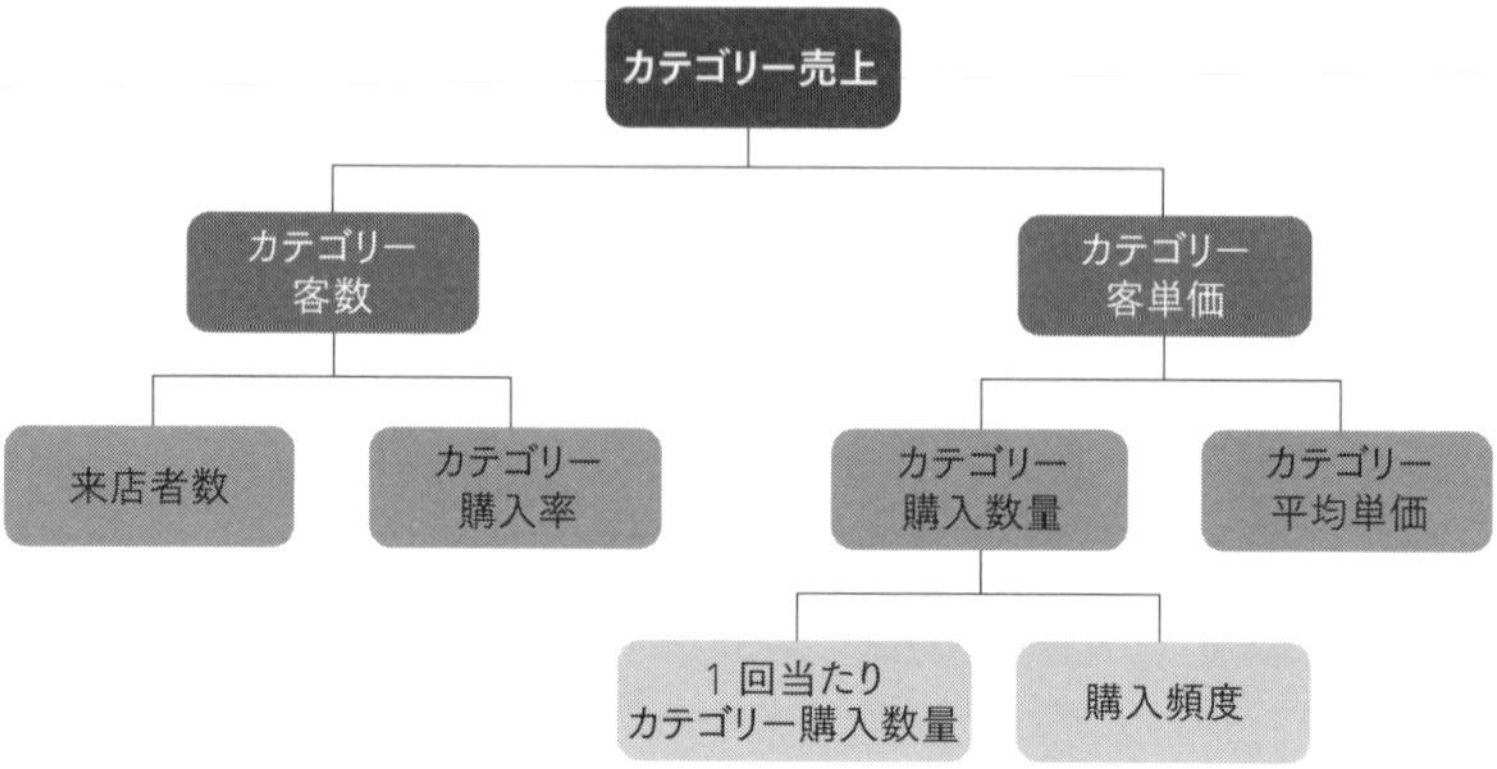

図表 5-2　カテゴリー売上を構成する要素

「売上要素分解」で施策効果の解釈を伝える

伝える工夫の中で、まず重要なインサイトは「カテゴリー売上要素」です（**図表5―2**）。これは第3章のカテゴリー売上構造でも見た、「カテゴリー売上がどのようにつくられているか」の視点であり、そこでは

- バイヤーは無意識に、売上をカテゴリー客数とカテゴリー客単価で捉える

ということに触れました。セリングストーリーにおいては、常にこれを「売りたいか」「売れるのか」の軸として言語化を進めることで、提案の納得度をより増強することができます。

「なぜテレビCMの大量放映によって、バイヤーの強力なサポート（アウト展開など）が獲得できるのに、デジタル広告の大量投下では、そこまでバイヤーに響かないのか」

の問いにも、こちらのインサイトでその理由が説明でき、逆にどのように応用すれば、デジタル広告でもアウト展開などのバイヤーの強力なサポート獲得に寄与できるのかが分かります。つまり、この売上要素分解を念頭に置いた伝え方が、どのような販売手法に対しても「売れる」と思わせるためのポイントとなり得るということです。

まず、なぜ「テレビCMの大量投下」によって、比較的容易にバイヤーの強力なサポートを得られるのでしょうか。それは単純に（「売りたいか」が満たされている前提で）、「売れるのか」の確信が持てるためです。第3章で「売れるのか」を満たすためには、「商品や企画の充実度」や「ファクトの提示」だけでなく、「インサイトの言語化」が重要だというお話をしましたが、ではなぜテレビCMだけ、「大量投下」という「商品や企画の充実度」だけでバイヤーはエンゲージできるのでしょうか。

客観的にカテゴリー売上要素で考えてみましょう。テレビCMの大量投下はこれまでそのカテゴリーやブランドを利用していなかった新規ユーザーの獲得に寄与することは想像に難くないでしょう。いわば、カテゴリー購入率の上昇による「カテゴリー客数」の拡大に寄与します。

テレビCMがバイヤーをエンゲージしやすいのは、まさにこの**「なぜ売上が上がるのか」のメカニズムを、バイヤーが過去の経験則で「勝手に解釈してくれる」から**なのです。

まず、小売企業のキャリアパスを鑑みると、商品部にいる大半のバイヤーは、過去に営業部として店舗に所属していた経歴を持っており、その中でお客様から「あのテレビCMで見た商品はどこに売っていますか？」という問い合わせをショッパーから直接受ける経験を多かれ少なかれ有しています。要するに「カテゴリー客数」に寄与する直接的な実体験があるため、「テレビCMの大量投下＝カテゴリー客数の増加」を最初から肌で実感しているのです。

加えて、バイヤー経歴における、主要ブランドの「テレビCMの大量投下」による売上拡大の「ファクト（実績）」も相まって、テレビCMの大量投下が客数増大に寄与するということは既成事実として、インプットされているのです。

つまり、テレビCMの効果については、メーカー側から説明しなくてもバイヤー側が勝手に「客数アップに効く」「その商品の購入を目的に来店する」と解釈してくれ、そのため「売れるのか」を容易に確信させてしまうのです。

一方で、「デジタル広告の大量投下」では、なぜバイヤーを強くエンゲージできないのでしょうか。売上要素に着目すると分かるでしょう。

一言でいうと、「デジタル広告が『何の要素に効くか』が分からないから」ということです。テレビCMと異なり、店舗経験の中で「デジタル広告を見て買いに来た」という問い合わせを受けた経験は多くないでしょうし、また、「デジタル広告で客数が拡大した」などというメジャーな事例を耳にすることも限られています。そのためこの状況下では、バイヤーが「自ら」広告効果を「解釈」

することができないのです。だからこそ、メーカー側から「売上要素に基づき、『効果の解釈』を正しく伝えてあげる」ことが不可欠です。

例えば、「このデジタル広告は、店舗商圏の約9割のお客様に見てもらえる規模で投下し、また店舗への来店も呼びかけます。そのためカテゴリー購入率向上に効果があります」と伝えてみるとどうでしょうか。単に「デジタル広告を大量投下します」よりも、より「売れるのか」を実感できるのではないでしょうか。これに加え、第3章でも見た「インサイトの言語化」として「なぜデジタル広告が来店に寄与するのか」も合わせて訴求できれば、きっと「売れる」ことを信じてもらえるでしょう。

実際に執筆時点において、デジタル販促による集客を推進している小売企業が、その施策に合わせてバイヤーの強力なサポートのもとアウト展開を実施するケースが急激に増えてきています。

ここで重要なのは、「売上要素に基づく『効果の解釈』」を、バイヤー任せにするのではなく、メーカー側が能動的に実施すべきということです。

「テレビCMの効果」のように、すでにバイヤーにとって明確な解釈が存在するようであれば問題ありませんが、例えばデジタル広告に限らず、まだまだ**小売企業にとって自分ごと化しにくい施策や、新しい広告・販促については、「売れるのか」の証明のためには、能動的な「効果の解釈」の提示が不可欠**なのです。

売り込む＝安心して買ってもらうこと

「伝える工夫」におけるふたつ目の重要な要素は「メーカーにとっての『売る』」です。メーカーにとっての「売る」は、当然、小売企業の「売る」とは意味が異なります。**メーカーの「売る」は、卸店やバイヤーにとっての「買う（仕入れる）」であり、一方で小売企業にとっての「売る」はショッパーに対し「購入してもらう」ことです（図表5—3）**。字面だけ見ると、ごくごく当たり前のことに思えるかもしれませんが、メーカーがつくるセリングストーリーにおいては、この認識が無意識にいつも放置され、結果としてクロージングが粗くなる、またはできなくなってしまうのです。

一度、疑似的なバイヤー体験をしてみましょう。読者が次の状況に置かれているとします。

- 来年、「世界的なスポーツの祭典」が日本で開催されることが決まり、国内が熱狂的に盛り上がっている。
- すでにチケットの販売が始まっているものの、競争倍率もかなり高いため、チケットがプレミアム化している。
- あなたの知り合いに、この祭典の関係者がおり、「一般発売用チケットは激戦だが、スポンサー用

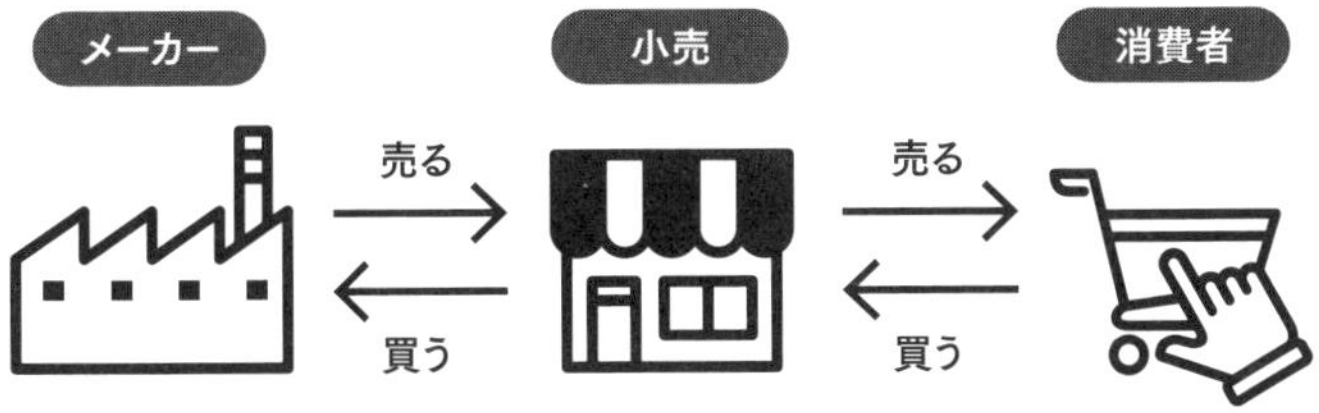

図表 5-3　メーカーの「売る」は、小売にとっての「買う」

に確保したチケットが大量に余っている」「定価の50％で譲るから、好きなだけ買ってくれないか」と言われている。

・スポンサー用チケットはオフィシャルに流通させることができないが、「個人間での取引であれば、定価で譲渡（販売）してもまったく問題ない（＝つまり、販売価格に対し、50％の利益が出る）」と言われている。

うがった見方をされないために、この「定価での譲渡（販売）」は、祭典側に正式に認められた手段だと仮定し、定価で譲渡すれば、1枚当たり定価の50％の利益を得られるとします。

さてこの時、皆さんは、そもそもこのチケットを買うでしょうか。おそらく、ほぼすべての方が「買う」と答えるのではないでしょうか。実際に私が研修でこの質問をすると、100％に近い方が手を挙げます。

では次に、どの種目を買いたいですか？　知り合いからは、次の種目で大量にチケットが余っていると聞いています。

・陸上100メートル決勝

・柔道決勝
・サッカー準決勝
・トライアスロン決勝

いかがでしょうか。おそらくほとんどの方は『陸上100メートル決勝』『柔道決勝』は買う」と答える一方で、「トライアスロン決勝」を買う方は少ないのではないでしょうか。

(※誤解を招かないよう補足すると、あくまで「トライアスロン」は、いちマイナー競技の例として示しました。実際に筆者自身もトライアスリートとして活動しており、他意はありませんのでご承知おきください)

では最後に、それぞれ何枚のチケットを買いますか？

・10枚
・50枚
・100枚
・500枚

きっと、陸上100メートル決勝や柔道決勝は、上限の500枚を希望する方が多いでしょう。

一方でトライアスロン決勝は、買ってもいいという方でも、10枚や50枚などに留まるのではないでしょうか。

さてここで、次の確かな情報が、知り合いの祭典関係者から入ってきました。

- トライアスロン決勝の出場選手の「関係者100人」が、チケットを持たずに日本に観戦に来る。チケットは日本で現地調達するようだ。
- 空港からバスで会場までやってくる。会場はあなたの家から1キロメートルのところだ。

いかがでしょうか。この状況下で、あなたはトライアスロン決勝のチケットを買いますか。おそらく「100枚までなら買ってもいいかも」と思った方もいるのではないでしょうか。

そうだとすると、当初トライアスロン決勝のチケットを買いたくなかったあなたは、なぜ急に「100枚なら買ってもいい」と思ったのでしょうか。なぜならば、トライアスロン決勝のチケット100枚の「ニーズが急に顕在化した」からです。

読者は、いくら「国内が熱狂的に盛り上がっており、チケットがプレミアム化している『世界的なスポーツの祭典』」といえども、「定価で譲渡できるか分からない」トライアスロン決勝のチケット100枚については、買うことを躊躇していたはずです。それが、**ニーズが見えたことによって**

「買ってもいいかも」と思えました。これこそがまさにバイヤーにとっての「買う（仕入れる）」という行為なのです。つまりこの疑似体験では、

- 世界的なスポーツの祭典＝あなたのブランド
- 種目＝そのブランドが持つ品揃えやバリエーション
- チケット枚数＝店頭展開規模や提案数量

を意味しています。多くのセリングストーリーにおいて、「なぜそのブランド自体が売れるのか」は論理的に説明されるものの、その訴求ばかりに注力しがちです。しかし、それはバイヤーから見ると「世界的なスポーツの祭典」の売り込みだけに留まっていることになります。

よく「メインのバージョンは採用してもらえたが、一部のバージョンは採用してもらえなかった」という声を聞きますが、しっかりと「なぜその種目にもニーズがあるのか」について、言語化ができていたでしょうか。

「世界的なスポーツの祭典は非常に人気で間違いなく売れます。だから、『トライアスロン決勝』のチケットを100枚買ってください」

のように、ブランド自体の売り込みだけで、その内容（品揃え・バリエーションなど）や数量について

のクロージングを無意識にサボってしまっていないでしょうか。

読者が、定価で譲渡できるか不確実な「トライアスロン決勝のチケット100枚」になかなか手が出せないのと同じように、バイヤーもいくらそのブランド自体を「売りたい」「売れる」と思えたとしても、具体的な品揃えやバリエーションまですべてを「売りたい」「売れる」と思えるかはまた別の話なのです。

「売り込む」というのは、様々な手段を講じて強引に買ってもらうのではなく、適切な情報を提供することで「安心して買ってもらう」ということです。客観的な消費者・ショッパーインサイトに触れる機会のあるブランドマーケティングとトレードマーケティングだからこそ、セリングストーリーという形で、ブランド自体の「売りたいか」「売れるのか」の訴求に限らず、必要に応じて、各品揃えにおける「定性的・定量的なニーズの有無」や、その「想定ニーズ規模」「想定シェア」など、バイヤーに安心して買ってもらえる情報も合わせて提供することで、伝えたい内容は、間違いなく伝わりやすくなるでしょう。

提案内容を「客観化・一般化」させ、説得力向上

3つ目の重要なインサイトが「小売にとってのメーカー」です。バイヤーは日々様々なメーカー

や卸店と向き合って、頻繁に多くの提案を受けています。メーカーから見ると、ひとつの提案ではあるものの、受け手であるバイヤーからすると、それぞれのメーカー提案は当然「One of them（様々あるうちのひとつ）」であり、その提案の多くで、「我々がNo.1」「消費者評価が過去最高」「〇〇のニーズがある」などと、自社を優位に見せる根拠を多く含んでいます。そのため基本的に**メーカーの提案根拠については、仮に100％正しい根拠に基づくものであっても、「主観的な根拠だろう」と認識し、バイヤーとして100％そのまま真に受けることはあまりありません。**それでは、これらの提案をより納得してもらい「売れるのか」をより説得力のあるものにするためには、どのような伝え方があるのでしょうか。

図表5―4にあるのが、より提案内容の納得度を向上させるための、「説得的提案フレームワーク」です。左から「主観」「共感」「客観」「一般」と並んでおり、提案内容をどのレベルのファクトおよびインサイトと紐づけるかにより、説得力が変化することを表しています。

より客観的・一般的なファクトに提案を紐づけることができれば、より信用度は高く、より定性的な根拠で簡単に説得ができる一方で、主観的なファクトに立脚する限りは、より多くの根拠を用いての説明が必要であり、説得は難しいものになります。

2018年後半～2019年ごろにあった「第3次タピオカブーム」を例に考えてみましょう。

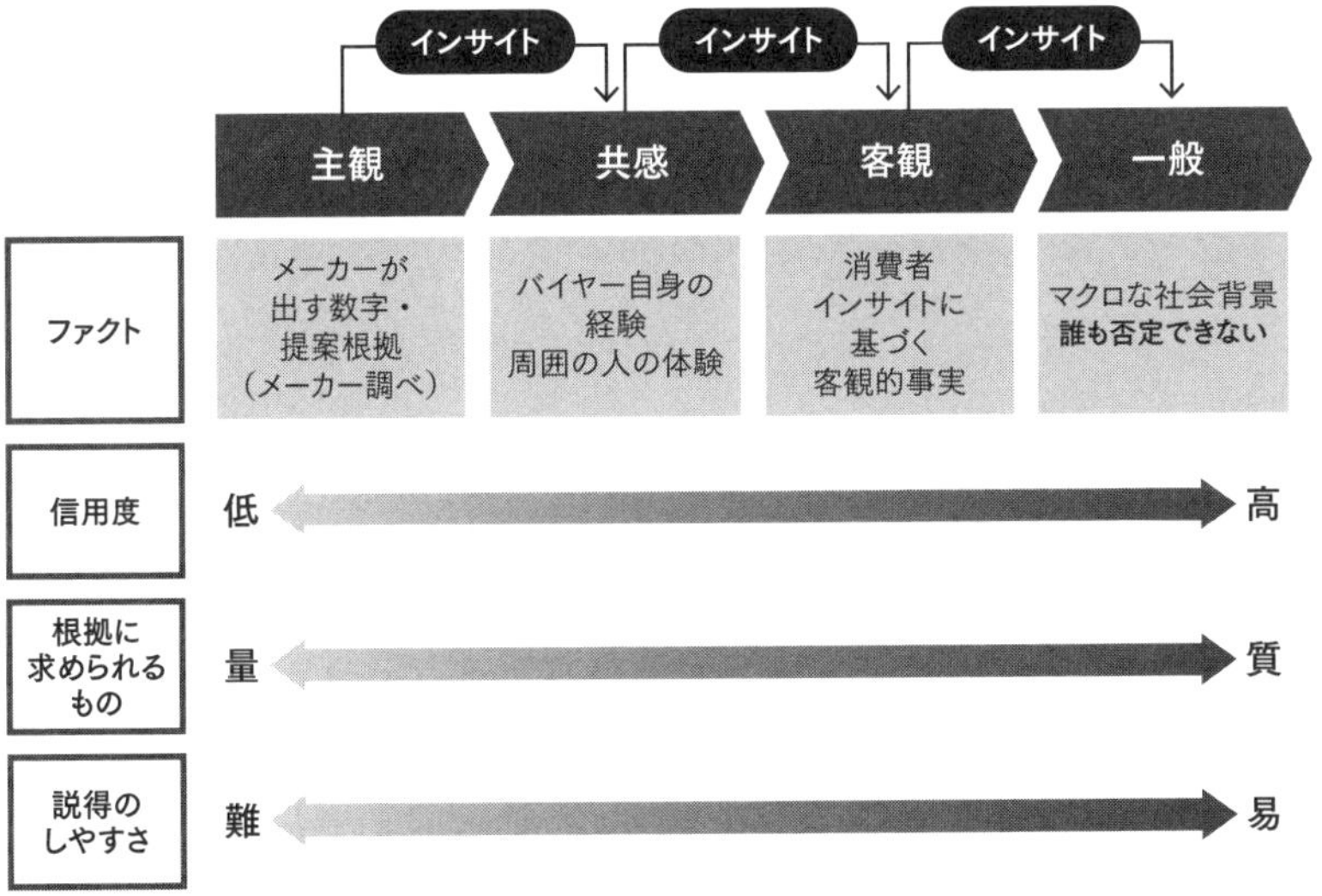

図表 5-4　説得的提案フレームワーク
メーカー調べは「主観」であるため、いかに客観化・一般化させるかが非常に重要

例えば、私はブームいかんにかかわらず、ずっとタピオカミルクティーが好きだったと仮定しましょう。この時「タピオカミルクティーはおいしい」というのは完全に私の主観的な意見であり、仮にブームが来る前の2017年時点でバイヤーに「タピオカミルクティーはおいしいので、売れます」と言ったところで、まったく説得はできないでしょう。これはまだ「主観的なファクト」に紐づいているからです。

次に、私がタピオカの話をする際に、バイヤーに試飲を勧めたとします。その時バイヤーから「おいしい。この食感がおもしろい」などの感想を得られました。この時点で「共感的な事実」に紐づき、共感フェーズに移行します。主観的な意見よりも、より納得度は上昇しますが、私とバイヤーだけのファクトであるため、「果たしてこれが本当に売れるのか」の自信はまだ強くありません。

ここからさらに、バイヤーはあることを思い出したとします。「そういえば、最近タピオカミルクティーの店が自宅付近にできて、少し行列ができ始めた」「先日読んだ雑誌に、タピオカ特集が出ていた」。おそらく2018年前半がまさにこの状態だと思いますが、この時初めて、「客観的なファクト」に紐づきます。客観化されると納得度は上昇し、「売れるのか」についての確証は急激に高くなります。

2019年ごろになると、様々な情報メディアやテレビなどでタピオカを集中的に取り上げ、「一般化」した状態に移行しました。これは社会的に見ても、誰も否定できない状態です。このファクトと紐づけば、もはや「売れるのか」に疑念を抱くことすらできないでしょう。

このように、提案内容が主観から一般に移行することで、「売れるのか」を証明する説得力が増していくのです。

それでは実際のメーカーのセリングストーリーにこれを応用すると、どのようになるのでしょうか。

まず、正しく理解しなければならないのは、この「主観」というフェーズは、根拠自体が客観的な事実に基づいているか否かということではなく、「バイヤーから見たときに主観的に見えるのか否か」ということです。先にも述べたように、バイヤーは日々非常に多くの提案を受けていることから、メーカーが出す根拠への信用度はそもそもあまり高くありません。つまり、例えば提案の根拠となる**「メーカー調べ」は、仮にいくら客観的な事実に基づいた調査結果であっても、ここではあくまで「主観的なファクト」と捉えられます。**メーカーが出す「数字」はすべて主観的なものと捉えられていると認識しておいてよいでしょう。

この「主観」を共感フェーズに移行させるためには、バイヤー自身の経験や、周囲の人の体験などが重要となります。

商談における試飲や試食は、まさにその実践例です。例えば「○○%の人がおいしくなったと答えた」という主観的（だと捉えられる）ファクトを、実際に体感・体験してもらうことで、そのおいしさに共感してもらえれば、より「売れるのか」を信じてもらえるでしょう。

また身近な人の体験でいくと、「店長から○○が売れ始めたと聞いた」「○○バイヤーが使っていて、好評価だった」などの声を集めることも、この共感化フェーズに移行するきっかけとなります。ただ、トレードマーケターが、店長の声を集めることなどは現実的ではないため、実際には、例えば商談での「試飲・試食」「ライブデモ」を用意し、バイヤーに直接消費体験をしてもらう場をつくること、などが実践のひとつとなるでしょう。

次に、提案内容を客観的なファクトと紐づけ「客観化」ができれば、一気に「売れるのか」の説得のしやすさは容易になり信用度は増幅します。ここでいう「客観的なファクト」とは、まさにこれが第3章で説明した「ファクトの提示」と「消費者・ショッパーインサイトの言語化」です。つまり、その提案内容に紐づく客観的な実績や、その実績の背景にあるインサイトを付加してあげることで、より提案内容を客観化することができるのです。例えば、

「弊社消費者調査から、定番レイアウトを『A』から『B』に変えると売上・利益が120%に上がることが分かりました。是非『B』のレイアウトを採用しましょう」

と提案したとします。この売上・利益が120%に上昇する、というのはいくら公正な調査環境での結果だとしても、バイヤーから見ると「主観的なファクト」であり、説得力は弱いままです。ここに「客観的なファクト」を入れるとどうなるでしょうか。

「弊社消費者調査から、定番レイアウトを『A』から『B』に変えると売上・利益が120%に上がることが分かりました。『B』は『サインポストブランド［*27］を目線に配置し、ラージサイズを下段に陳列する』提案ですが、サインポストブランドが目立つことでショッパーの店頭での売場認知が上がり、また『ラージサイズは下方にある』とのショッパー心理に沿ったレイアウトでラージサイズが買いやすくなり、結果的に120%に上がるのです」

このように、単なる主観的なファクトも「なぜか」を「ショッパーインサイト」で補完すること

でより提案内容が客観的になり、納得度は上昇するのです。

ほかにも例えば、「男性用メイク新商品の利用意向は90%だった（メーカー調べ）」などの主観的ファクトも、「若年男性の『他者から見られる意識』の高まりから、積極的にメイクに取り組もうとしている結果、90%の利用意向が得られた」のように「なぜ」を「消費者インサイト」で補完することでも、提案内容を客観化できるでしょう。

さらに、「一般的なファクト」と紐づけることで、強力に提案の説得力を向上させることができます。一般的なファクトとは、マクロ環境として一般的に周知され、誰も否定ができない事象を指しており、例を挙げれば「少子高齢化」や「女性の就業率の増加」「コロナ禍による貯蓄の増加」など、様々です。

このファクトを提案に紐づけると、例えば

「コロナ禍では貯蓄と余暇時間が増えたため消費の二極化が進み、自己投資の意味合いが強い『こだわりの商品』では『プレミアム化』が進みました。まさに我々の商品は、自分磨きを謳ったブランドとして強く認識されており、今回、こだわり消費にあわせた、高単価ラインナップを発売します」

のようなストーリーです。ここでは、「コロナ禍で貯蓄と余暇時間が増え、消費の二極化が進む」「自己投資の性格が強い商品はプレミアム化が進む」は、一般的な事象であり、誰も否定はできません。その一般的なファクトを根拠に、自社のブランドの「高単価ラインナップの発売」を紐づけることで、「新しい高単価ラインナップも、時流に合わせて売れるかも」と納得できてしまうのです。

このように、**提案内容を説得力あるものにするためには、客観的・一般的なファクトと紐づけ、「客観化・一般化」させることが、非常に有効です。**一般的なセリングストーリーはどうしても自社中心で構築しがちであり、この視点が抜け落ちてしまいます。自社はあくまで、バイヤーにとってのOne of themだからこそ、この「説得的提案フレームワーク」を用いながらセリングストーリーを構築することで、提案内容の差別化、また、より伝わる提案をつくることができるはずです。

中長期のブランド育成プランで安心感を醸成する

「メーカーの提案根拠は主観的である」というメーカーに対するバイアスに加え、ほかにも例えば、**メーカーは「基本的に短期のセルイン[*28]に注力しており、セルアウト[*29]はあまりケアしてくれない」という認識も存在しています。**通常のメーカー商談において、「以前説明していた消費者背景と、矛盾したことを言っている」「商談時は終始リベート提案」「提案数量に根拠がない」「ショッパーに買ってもらうための『売り方』提案がない」など、対小売企業の場当たり的な提案ばかりで対ショッパーへの会話が少ないことがその一因でしょう。

第3章で詳述した「売れるのか」の要素が満たされており、間違いなく売れると確信されている商品は問題ないものの、この認識が存在する限り、例えば「本当に売れるか」がまだ不確実であり、「これからブランド育成が必要」な新規カテゴリー商品や新規ブランド、新興ブランドなどの商品については「安心して買う」ことができないため、バイイングを躊躇されることもあるでしょう。この認識を前提としたとき、安心して買ってもらうためには、どのような伝え方の工夫をすればよいのでしょうか。

それは、提案時にその「ブランド戦略やプランを中長期で明示する」ということです。6～12カ月間の中長期のブランド戦略・プランを伝えることで、バイヤーは「メーカーに、中長期的なブランド育成の意志がある」と捉えることができ、これだけでも、手前の在庫リスクに対する不確実性や不安が軽減されます。**「もし何かあったときに、尻ぬぐいをしてくれるだろう（売れるまでケアしてくれるだろう）」という感覚は、強力な安心感の醸成になり、結果として安心して買うことができる**のです。

具体的であればあるほど望ましいものの、もちろんその提案時点で、半年先、1年先のプランをコミットすることは難しいかもしれません。ただ例えばブランドをどうしていきたいかのおおよその絵（≒戦略）があればそれだけでも有効であるため、トレードマーケティングが可能な範囲でその絵をストーリーに含めることで、大なり小なり、この安心感の醸成には寄与できます。

社内への配慮を見据えた伝え方

伝え方の工夫の最後に、第3章でも挙げた「社内への無意識的な配慮」を考慮した伝え方について考えてみましょう。心理的課題の解説でも見たように、バイヤーの所属する商品部は社内外に多くのステークホルダーが存在し、その中でも特に**店舗での実行責任を持つ「営業部」に対する無意識的な配慮は、バイヤーの意思決定に影響しています。**

営業部への配慮がもたらすバイイングにおける無意識的な具体的検討事項としては、「営業部に対し過度なオペレーションの負担はないか」「営業部へ説明責任を果たせるのか」などが挙げられます。そのため、それらの懸念を払拭できる伝え方ができれば、バイヤーはよりスムーズに意思決定ができるようになり、逆にできなければ、場合によっては「売りたくない」の理由にもなり得てしまうのです。

例えば、

- オペレーション効率化に貢献できるポイントを、セリングストーリーでプランとともに言及する

（発売時の立ち上げラウンダーや、什器と商品が同梱されたセット商品の発売など）

- 店頭展開において、売上を最大化するための「展開のポイント」はどこか明確に示す
- 販促物を設置する背景（ショッパーインサイト）や、その想定効果を明示する

など、これらの「店頭における業務効率化や売上増加につながるポイントや、その意図を明示してあげる」ことが、営業部への配慮がもたらす無意識的な懸念事項の払拭には効果的でしょう。

トレードマーケティングが、**他部署とのコミュニケーションコストも見据えた丁寧なセリングストーリーづくりをすることで、バイヤーにとっての無意識的な社内懸念事項が軽減され、その結果、YESの意思決定をしやすい環境がつくられる**のです。

第5章では、トレードマーケティング実践の「実行」フェーズとして、セリングストーリーの構築方法を確認しました。

ここまでで読者もご理解いただけたように、バイヤーに自社提案に合意してもらおうと、一方的にメリットを伝えたところで、決して「伝わる」ことはありません。バイヤーインサイトである、「売りたいか」「売れるのか」に基づき正しく伝えることで、「伝える＝伝わる」が成立し、それがバイヤーを動かす「伝わる」ストーリーとなるのです。

＊27　サインポストブランド／そのカテゴリーにおける代表的なブランドであり、また広く認知されているブランド
＊28　セルイン／メーカーから卸店や小売店（販売店）に商品を販売すること。卸店や小売店（販売店）視点では「仕入れ」
＊29　セルアウト／小売店（販売店）から消費者に商品を販売すること

第6章

実践4

4つのステップで振り返る

「売上テコ入れ策」を連発する前にすべきこと

最後のトレードマーケティングの実践が「振り返り」です。これまでの「実行」フェーズまでの実践で、4C領域（配荷・価格・棚割り・アウト展開）の改善に向けた戦略やアイデアの営業部署までの落とし込みは完了しており、あとはセールスの小売企業との商談クロージングならびに店頭実現を待つのみ、というところでしょう。ただ、いくら素晴らしい戦略・戦術を構築できていたとしても、それが期初の想定通りすべてが実現され、期中に何も手を加えずに売上目標が達成されるということはまずありません。毎月の売上レビューでは、当然のことながら当初想定していなかった問題が発生し、進捗の遅れも生じるでしょう。そのため、売上目標達成のための軌道修正は毎月求められるのです。本章では「トレードマーケティングの振り返り」について見ていきます。

まず振り返りとは何かを確認します。振り返りの目的は、「売上の進捗をタイムリーに確認し、適宜目標達成に向けた軌道修正を行うこと」である旨は、おおよそ皆さんの理解と合致しているかと思います。ただ、トレードマーケティングに求められる具体的な軌道修正の方法は、営業現場が求められるそれとは異なるでしょう。

例えば、振り返りを「毎月の売上目標の差異が出た場合に、その差異を埋めるための『売上対策アイデア』を追加し実行すること」と理解している場合、トレードマーケティングにおいては不十分です。これまで述べてきたように、目標が達成されないということは、何かしらの、戦略実行の課題が生じているということであり、その際は事前に設計した**「配荷率・平均価格・山積み率などの4C領域の各種指標」であるKPIにも差異が表れている**はずです。このKPIの差異を深く理解し、再び当初設計通りのKPIの目標到達地点まで戻すアクションを講じることが、トレードマーケティングの振り返りなのです。

KPIの目標到達地点まで戻すということは、つまり「戦略が達成される」ということであり、戦略が達成されるということは「目標が達成される」、という関係性にあるのはこれまで見てきた通りです。「売上が下がったら、売上対策アイデアを追加する」のではなく、「売上が下がったら、どこにKPI達成課題があるのかを把握し、その課題払拭のためのアイデアを講じる」ことが求められるのです。

正しいトレードマーケティングの振り返りができないと様々な弊害が生じます。ひとつ目が「売上の不確実性が高くなる」ということです。売上差異が生じたときに、単純に売上対策をつけ足していくと、対症療法的な施策が多く生まれます。結果として、**短期的な売上回復が見込めたとしても、売上減少の根本的な原因は解決されないため、今後も売上が縮小するリスクは残ったまま**でしょう。例えば、「アウト展開の獲得が困難になり売上が下がっている」にもかかわらず、その原因を探らずに別の販促プランで売上対策をしていた場合、短期的な売上は確保できても、これから実施見込みである「アウト展開獲得」のためのプランが実行されないリスクは依然として高く、そのため売上の不確実性は高いと考えられます。本来は、アウト展開が獲得できない原因を探り、それを解決するための施策を講じなければならないのです。

また、**対症療法的な施策を積み重ねることで「プラン過多」になり、「実行可能性が低下し、投資効率が悪化する」ことも大きな弊害です。**期初の戦術構築時点で、いくら実行可能性を考慮したプランになっていても、期中でプランを重ねていくと、プラン実施時期の重複や類似企画の発生などにより、予定通り実行できないプランが多く出てきます。これにより、当初の投資効率も担保できなくなります。

さらに、**根本原因を不明なまま放置し、表層的な売上対策だけを講じていると、リスク規模も正しく把握できず、「追加投資の正しい優先順位」もつけられなくなります。**結果として目標達成は非常に困難なものとなるでしょう。例えば、ブランドの体力自体の減少によって売上が低下しているならば、その後のプラン全体の効率悪化につながるため、本来は最優先でブランドの体力回復に投資をしなければなりませんが、小手先の追加売上対策アイデアに注力してしまうと、その後もずっと非効率な投資を続けなければならなくなるのは、火を見るよりも明らかです。

正しいタイミングで、正しい軌道修正を行うことで目標達成を実現するためには、毎月の振り返りにおいて、ＫＰＩが達成されない「根本原因」を抽出することが不可欠なのです。

根本原因とは、ある問題が発生した際に、その問題が発生する根本的な原因となるものであり、原因を深掘りしていった際の、「それ以上深掘りできない最深の原因」ともいえます。根本原因を解決できない限り、同様の問題が発生する可能性は残ってしまうのです。

根本原因を探る手段には様々ありますが、トヨタ自動車が発案したとされる「なぜなぜ分析」は、耳にしたことのある読者も多いのではないでしょうか。ある問題に対して、それを引き起こした「なぜ」を挙げ、さらにその要因を引き起こした「なぜ」を合計5回ほど繰り返すことにより、その根本原因を抽出する手法です。

トレードマーケティングの振り返りにおいては、**この「根本原因」を抽出することが不可欠なのですが、毎月のＫＰＩが達成されない原因において、それ以上深掘りできない最深の原因が、まさに「バイヤーインサイト」なのです。**

振り返りの4つのステップ

具体的には、４つのステップで振り返りを行っていきます（**図表6―1**）。これを「毎月」など決められた期間において、タイムリーにＰＤＣＡを回していくことで、年間売上目標の達成に向けた確実性を高めていくのです。

KGI 観察	月間売上目標（KGI）に対し、どれくらい差異があるのか
KPI レビュー	【KPI 要因】4C 領域（配荷・価格・棚割り・アウト展開）においてどの KPI に目標と実績の差異が生じているのか
インサイトレビュー	【根本原因】その KPI における、目標と実績の差異の原因は何か（バイヤーインサイトに基づく要因）
プラン策定	その根本原因を解決するためのアイデアは何か

図表 6-1　トレードマーケティングの振り返りステップ
戦術(プラン)は、戦略達成のために構築するもの。反射的に売上テコ入れ策を連発してはいけない

- ・KGI観察：月間売上目標（KGI）に対し、どれくらい差異があるのか
- ・KPIレビュー：4C領域において、どのKPIに目標と実績の差異が生じているのか（KPI要因）
- ・インサイトレビュー：バイヤーインサイトを鑑み、そのKPIにおける、目標と実績の差異の原因は何か（根本原因）
- ・プラン策定：その根本原因を解決するためのアイデアは何か（課題となっていた場合）

なお理想的には、これまでの実践を通じ設計したKGI／KPIを基に、常に「毎月のKGI目標と実績の差異（例：今月の売上目標に対し▲1000万円）」の理由を、「毎月のKPI目標と実績の差異（例：アウト展開店舗数が目標店舗数よりも▲1000店舗）」で説明するなど、「毎月のKGI／KPI目標と実績の差分」でこのPDCAを回していくことが望ましいですが、仮に月次KGI／KPI目標が定まっていないときでも、この振

り返りの方法は有効に活用できます。

例えば、「今月から始まる各種店頭プランがきちんと実行されれば、各ＫＰＩの数値がどうなるはずか」という点を事前に想定してさえおけばいいのです。「今月から値下げ企画を実施する」ということであれば、ＫＰＩレビューにおいては「前月から平均売価が下がっているか」を確認することで、ちゃんと狙ったＫＰＩに対し、各種プランが実行され、機能しているかどうかを判断できます。もし売価が下がっていれば、「この値下げ企画はちゃんと実行され、平均売価低下に効く」という評価であるし、効かなければ、「なぜこの値下げ企画が実行されなかったのか」をレビューすれば良いのです。

重要なのは、この振り返りを通じて、**「用意していた各種プランが想定通り実行され、ＫＰＩの増減に対し効果発揮しているか。また、していないのであれば、何が根本原因であり、どんな対策をしなくてはならないのか」を理解すること**なのです。

常にバイヤーインサイトベースで振り返る

まず「ＫＧＩ観察」では、当該期間の売上目標に対し、どれくらい過不足が出ているのか、を確認します。このステップでは、単純に「当月の売上目標に対しプラスマイナスでどのくらい差異があったか」が把握できればよいでしょう。例えば、次のようなものです。

・今月の売上目標（ＫＧＩ）に対し、▲１０００万円だった

前述の通り、この時どうしても「それでは１０００万円を追加できる売上対策プランを練ろう」という売上対策議論になりがちですが、これをしてしまうと根本原因までたどり着けないため、ここでは議論せず、必ず次のステップに進むよう注意が必要です。

ＫＧＩ／ＫＰＩ目標がセットされていれば、売上目標の差異はいずれかのＫＰＩの差異として表れているはずなので、次の「ＫＰＩレビュー」では、ＫＰＩ目標と実績の差異がどこにあるのか、を把握します。つまり、「売上が目標に届かなかったのは、何のＫＰＩが達成しなかったからなのか」を明確にするということです。例えば

・今月のアウト展開店舗数（ＫＰＩ）が、目標店舗数よりも▲１０００店舗だったため、これが▲１０００万円の原因だろう

となります。実際は、売上目標と実績の差異は、「複数のＫＰＩの差異」から生じている可能性も高いため、すべてのＫＰＩについて、目標と実績の差異を確認する必要があるでしょう。なお「振り返り」におけるＫＰＩレビューは、ビジネスレビューで実施したＫＰＩレビューとは異なりますのでご注意ください。

次の「インサイトレビュー」がまさに、「根本原因」を抽出するステップであり、KPIの目標と実績の差異の原因となるバイヤーインサイトを深掘りします。KPIが満たされなかったということは、KPI達成のために用意していた「戦術（プラン）」が想定通り実行されなかったということであるため、**「なぜ事前に用意していたプランが想定通り実行されなかったのか」について「売りたいか」「売れるのか」を軸に仮説構築していきます。**例えば、次のようなものです。

- 昨今の小売環境変化から「客数向上」への志向が強くなったと認識していたため、「集客強化」の販促プランを導入することで4000店舗でのアウト展開を狙っていた。しかし直近のマーケットトレンドから、より「客単価向上」の意識が高まってきており、そのため3000店舗でのアウト展開実施に留まってしまった（▲1000店舗）

要するに、期初に戦術構築した際のインサイトが、環境変化により現在変わってしまったため、実行レベルが想定を下回ってしまったということです。根本原因であるこのインサイトの変化を捉えることができるからこそ、中長期的な売上の不確実性を解消し、確実にKPIを復帰させるための具体施策が構築できるのです。

4つ目の「プラン構築」ステップで、インサイトレビューで抽出した根本原因を払拭するための対策案をつくり、KPIの軌道修正を図ります。なお、あくまで対策案は、**直接的な「売上対策」**

ではなく、「KPI課題の根本原因に対する対策」であることは再度認識しておきましょう。今回の例でいえば、次のリプランが最適ではないでしょうか。

- 今後のアウト展開施策については、「客数向上」に加え、「併買を同時に促進できるまとめ買いプラン」を組み合わせることで、購買点数の向上による「客単価」貢献度アップによって、当初のアウト展開店舗数のKPIを達成する（4000店舗）

最後に、構築したプランが、改めてKPI目標を達成できるものになっているかを「実行可能性」「十分性」の観点で確認し、営業部署へ新たなプランとして提供するのです。

ところで、最後にいつもの「高級ボディソープブランド」でも、トレードマーケティング式の振り返りをしておきましょう。

- 【KGI観察】先月、月間売上目標に対し、着地が▲8000万円だった
- 【KPIレビュー】「視認性の高い多箇所展開什器の作成」によって、目標では30%の山積み率[＊30]を見込んでいたが、実際は15%に留まってしまっていた（▲15%）。このKPIの差異でおよそ▲8000万円の差異が説明できている
- 【インサイトレビュー】今回、販促物と商品を別々に納品する形態をとっていたが、昨今の販管

費の上昇で店舗オペレーションが非常にタイトになっており、バイヤーから営業部へ、「店頭で商品を販促物にセットして、多箇所展開を実施してほしい」との指示が、非常に出しにくかったようだ

- 【プラン策定】今後の多箇所展開においては、①商品と販促物を事前セットした「セット梱」を導入する②主要店舗へのラウンダープランの導入によって、営業部の負荷を最小化することで、山積み率30％を達成する

このように実践できるのではないでしょうか。

第3章【実践1】から第6章【実践4】まで、これまで各フェーズを詳述してきましたが、トレードマーケティングの実践は、常に「小売インサイト」に始まり「小売インサイト」に終わります。だからこそ、それらの実践の質向上のためにも、常に小売環境の変化をタイムリーに把握し、その環境変化がどうインサイトに変化を及ぼすのかを想定し続けることが不可欠なのです。

そしてこの「トレードマーケティングの実践」は、特にバイヤーインサイトに基づくものであるために、トレードマーケティングに限らず、各メーカーの営業担当も大いに活用可能です。最後に、メーカーの営業担当が身につけるべき「トレードマーケティング思考」について、見ていきましょう。

＊30　山積み率／インテージＳＰＩで提供している定点観測指標。「何％の店舗で、アウト展開が実施されているか」を示す。例えば１００店舗中30店舗で山積みが実施されていれば、30％となる

第7章

営業担当者が身につけるべき思考法

優れた営業はトレードマーケティングを無意識に実践している

小売企業を相手にビジネスをしている多くの営業担当者にとって、商品を小売企業に売り込む際の大きな悩みごとのひとつが「いかに条件交渉に巻き込まれず、効率的・効果的に販促費を活用できるか」ではないでしょうか。なぜならば、「販促費」が各営業担当者の唯一の強力な武器であり、そしてその量が有限であることから、できる限り、効率的な販促費の使い方や、また販促費に頼らない売り方をしたいと考えているからです。そんな営業担当者の悩みは、実は「トレードマーケティング思考」の体得によって解決が可能です。

結果が出せる営業マンは、無意識にこの「トレードマーケティング思考」ができているのです。

トレードマーケティング思考とは、これまで見てきたように常に「小売インサイトベースで企画・実行する思考法」です。その中心にあるのが、当然ながら「バイヤーインサイトの理解」であり、そしてそれを応用し「自社のカテゴリー価値とカテゴリー売上要素課題をマッチング」させることで受容性の高い企画を常に創出していきます。これはトレードマーケティングであろうと営業担当者であろうと、本質的には変わりません。**バイヤーインサイトである「売りたいか」「売れるのか」の**

深い理解に基づきビジネス全体を推進することで、これまでの販促費に依存した「条件交渉」主体のセリングから脱却できるでしょう。

そもそもなぜ「販促費に依存した売り方」になってしまうのでしょうか。その理由は大きく3つあります。

- 自社商品の価値を正しく理解できておらず、バイヤーの「売りたいか」を販促費で強引に動機づけしてしまう
- 商品が売れる根拠となる消費者・ショッパーインサイトを理解しておらず、「値下げ」以外で「売れるのか」を証明できない
- マーケティング関連部署のプランを、アレンジせず受け身的にそのまま活用しており、フル活用できていない

まず自社商品の価値とは、これまで見てきたバイヤーの「売りたいか」を動機づける「自社ブランドのカテゴリー価値（強み）」を指します。バイヤーが向き合うカテゴリー課題と、その課題解決に寄与する自社の強みやその発揮の仕方を理解できると、初めてバイヤーにとって、そのブランドの拡売による「課題解決への期待感」が醸成され、自然と「売りたいか」が満たされるのですが、逆

にそれらが把握できていないと「売りたいか」はなかなか動機づけられません。その状況下でサポートを引き出すため強引に「売る意味」を提供しようとすると、値入改善により「利益貢献度」を高めたり、安売りフォーカスで集客促進による「客数拡大」を図ったりと、結果的に自ら、販促費の「浪費」をオファーせざるを得なくなるのです。

次に、商品が売れる理由を説明できないことも販促費依存になる原因です。マーケティング関連部署はブランド施策にあわせて広告から販促まで様々なプランを提供しますが、「商品や企画の充実度」や「ファクトの提示」の言及に留まり、「なぜそれらのプランによってブランドが売れるのか」の説明（インサイトの言語化）が適切にできないと、ブランドによっては、バイヤーは「売れるのか」を信じてくれないでしょう。そのため、一番信じてもらいやすい「値下げ」効果による「売れるのか」の証明に頼らざるを得なくなり、結果として販促費を浪費してしまうのです。

マーケティングと営業の「視点」の違い

さらにブランドマーケティングやトレードマーケティングなどの本社マーケティング部署から提供されたプランを、無意識にそのまま受け身的に活用してしまうことも、販促費をより浪費してしまう原因になります。

マーケティング部署から提供されるプランを受け身的に受領していると、多くの営業担当者にとってそれらプランの塊は「良いプラン」「悪いプラン」の玉石混交に見えるでしょう。そして**自分の担当企業にとって「使いやすい、使いにくい」によって、無意識にそれらの良い悪いを峻別し、使いにくい悪いプランの活用をあきらめてしまうのです。**

また諦めないまでも、使いにくいまま担当企業に提案し案の定断られるなど、結局すべてのプランをフル活用できなくなるのです。様々なプランを自分の担当企業へどのように「個別最適化（アレンジ）」するかが分かれば、悪いプランも、少なくとも「ましなプラン」、場合によっては「良いプラン」として積極活用することができるのですが、この個別最適化の方法が分からないため、どうしても受け身的なプラン活用に留まってしまうのです。その結果ブランドを拡売するための本社企画プランをフル活用できないため、当然販促費に頼った売り方に注力せざるを得なくなるというわけです。

これらの課題解決のためにも営業担当者のトレードマーケティング思考の体得が不可欠なのですが、その前にトレードマーケティングと営業部署において、次のふたつの視点の違いがあることも押さえておきましょう。

- 全体最適から個別最適へ
- ブランド軸から小売企業軸へ

トレードマーケティングが「全体最適」を目的としているのに対し、基本的に営業担当者は、担当企業の売上目標の達成、つまり「個別最適」を目的としています。個別最適を図るうえでは、より広く深く小売インサイトを把握することが求められます。

各小売企業には、全体最適の中では見えなかった「企業ごとの固有・注力課題」があり、その課題感からくる固有のバイヤーインサイトが存在します。**「売りたいか」「売れるのか」「売りたいか」の判断軸はバイヤーをとりまく環境で変わるため、いかに担当企業のバイヤーが有する「売りたいか」「売れるのか」は何かを把握できるかが、すべてのスタートです。**

また向き合うべきステークホルダーも変わるため、インサイトの幅も広げなければなりません。例えばトレードマーケティング視点では、営業部や販促部のインサイトの優先度はそこまで高くありませんが、営業現場においては、実行フェーズの責任領域に「店頭実現」も含まれることから、バイヤーインサイトだけでなく、彼らのインサイトの重要度はより一層高まるでしょう。

さらに、向き合う課題のレイヤーも変わることがあります。仮に、**上層部とのＪＢＰ**[＊31]**などを企画する場合は、ステークホルダーは経営メンバーとなり、その場合、「売りたいか」の課題感も「バイヤー課題」から「経営課題」に昇華するでしょう。**

ふたつ目に、トレードマーケティングは基本的に「ブランド軸」でビジネスを推進しているのに対し、営業担当者は「小売企業軸」でビジネスを行っているという点です。つまり、販売ポートフォリオとして複数カテゴリーや複数ブランドを持っているということです。これは、ＫＧＩである売上目標を達成するための戦略や戦術に、より広い選択肢を提供しているということであり、より多くの「自社のカテゴリー価値（強み）」を抽出することで、打ち手の幅もより広げることができるはずです。

セリングストーリーを小売インサイトで味付けする

トレードマーケティング思考を体得することで「経験則に基づく営業活動」から脱却し、効率的・効果的な販促費活用を実現するには、特に、企画フェーズの「ビジネスレビュー」と「戦術構築」、そして実行フェーズの「セリングストーリーの構築」の３つを自身の担当企業で実践することが効果的です。具体的なやり方については、第４章を振り返ると良いでしょう。

まずビジネスレビューでは、カテゴリーレビューの「インサイトの言語化」と「顕在課題」の抽出、そして自社レビューを通じた「自社のカテゴリー価値」の抽出をしてみましょう（**図表７―１**）。これらをレビューすることで、最初に「当該カテゴリーにおける『売れる』ための秘訣」「バイヤーの抱える顕在課題」「自社の各ブランドのカテゴリーにおける強み」の３要素を把握するのです。

「インサイトの言語化」は、これまでに過去「売れた（販売促進できた）」具体的な要素（ブランド

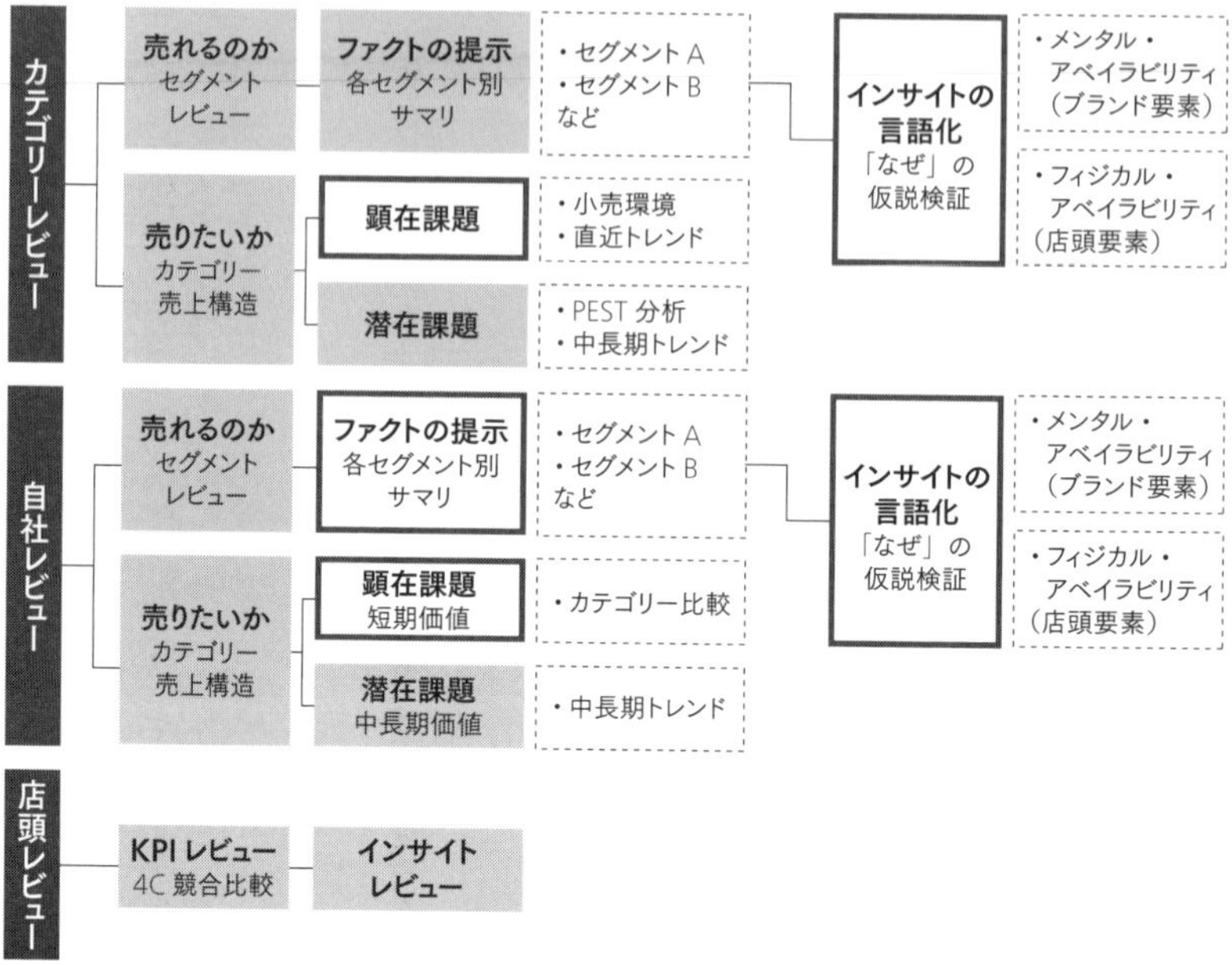

図表 7-1　営業担当者が注力すべきビジネスレビュー要素
太枠囲みのハイライト部分が、特に実践したいレビュー項目

要素・店頭要素）を特定し、「なぜ売れたのか」を消費者・ショッパー視点で仮説構築するステップです。特にバイヤーにとって「自分の店舗」での成功例は非常に自分ごと化しやすいため、競合ブランド含めた自社内での成功事例を集め、「なぜ売れたのか」のインサイト仮説をできる限り多く構築しておくと良いでしょう。

次に「顕在課題」の抽出では、担当企業のＩＤ－ＰＯＳを用い、カテゴリー売上を客数・客単価などの「各売上要素」に分解してビジネス進捗を把握することで、担当小売企業においてバイヤーが「売りたいか」を刺激されるカテゴリー売上要素課題がどこにあるかを明確に特定します。

自社レビューでは、売れるのか・

売りたいかを軸に「各ブランドのどこに、当該カテゴリーへの価値（強み）があるか」を抽出します。第4章でも見たように、シェアの大小にかかわらず、いかなるブランドであっても、必ずどこかに「カテゴリー売上要素課題の解決につながる貢献ポイント」は大小存在しているはずですので、複数セグメントの切り口で自社ブランドをレビューし、強みを発見します。加えて、その強みが上手く発揮された施策や要素については、その「なぜ」を言語化しておきましょう。

なお、カテゴリーマネジメントやＪＢＰでのビジネスレビューの機会など、より体系的なビジネス把握が必要な場合は、第4章の構造化されたビジネスレビューを包括的に実践すれば、必要十分な情報は、間違いなく揃うでしょう。

次の「戦術構築」では、小売インサイトによって本社企画プランを「個別最適化（アレンジ）」します。本社からは、ブランドマーケティングがつくる「商品や広告施策」、トレードマーケティングがつくる「販促企画やセリングストーリー」など、多くの企画が提供されますが、営業担当者から見ると前述のように「良いプラン」「悪いプラン」様々です。そのままではすべての企画をフル活用できないため、「悪いプラン」については、ビジネスレビューで把握したバイヤーインサイトで「味付け」をしてあげるのです。つまり、**バイヤーが抱えるカテゴリー売上要素課題に対し、自社の強みを発揮できるプランに変えることで、営業担当者・バイヤー双方にとって、受容性の高いプランにするということ**です。当然プランの内容によっては、営業部や販促部のインサイトで味付けすることもあるでしょう。

例えば、本社から「カテゴリー新規ユーザー拡大（客数アップ）」の目的で、より安価なお試しサイズの商品が提供されたとします。一方で、自分が担当する企業では、特に「客単価アップ」が最優先課題だった場合、お試しサイズの販売は平均単価を下げてしまうリスクもあるため、なかなか提案を受け入れてもらえないかもしれません。その際は、インサイトで味付けをすることで、「ついで買い」を促す客単価向上の企画として提案すれば良いのです。例えばブランドの強みに、「ブランドロイヤリティの高さからくる、自社ブランド内でのライン使い［＊32］」があるならば、お試しサイズ品を活用した自社ブランドとの「合わせ買い企画」を提案することで、客単価アップに寄与し、結果としてより企画の受容性は高まるでしょう。この「小売インサイトによる企画のアレンジ」が、企画のフル活用のための重要なプロセスなのです。

最後に、「実行」フェーズのセリングストーリー構築においては、これらの実践を、各小売企業にあわせて言語化していきます。

前提として、「カテゴリー成長戦略」は必ず伝える必要があります。第5章で詳述したように、このカテゴリー成長戦略の言語化が、バイヤーの「メーカー提案に対する自分ごと化」を促すからです。もし本社からこの成長戦略が明示されなければ、先のビジネスレビューで抽出した、「カテゴリー売上要素分解」で把握した「顕在課題」をバイヤーに共有するのが良いでしょう。例えば、「単価を改善しないとカテゴリーが伸長しない」のように客観的に、カテゴリー売上要素課題やそれを解決するための戦略を言語化してあげるのです。

そのうえで、トレードマーケティングの実践と同様に「売りたいか」「売れるのか」の順番で伝えるべき内容を構成していきますが、特に「売れるのか」では、ビジネスレビューで抽出した、「自分の店舗での成功例」を根拠とすることで納得感を高めることができるため、自社が用意するプランの意図として、その根拠を活用しましょう。

これらの実践により販促費依存の原因を解消でき、その結果少しでも販促費に頼った売り方から脱却することができるでしょう。

小売の環境変化に対応できる営業担当者になろう

昨今、小売環境はめまぐるしく変化しており、近い将来大きな潮流となりそうな種もそこら中にまかれています。例えば、本書執筆時点でリテールメディア、リテールＤＸ、ＤtoＣ、ＡＩ、ＩoＴなど、様々な技術的発展や消費者ニーズの変化からくる、次の可能性がたくさん生まれているのです。

こういった状況の中で、営業担当者に求められるのは、タイムリーな小売インサイトの把握はもちろんのこと、その理解に基づき、「小売が抱えている課題に対して、どのような手段をどのように使うことで解決するか」の視点です。ややもすれば新たな技術や具体的な施策において「何を使うか」の議論が先行してしまうことがよくありますが、**大事なのは、手段（モノ）ではなく課題解決（コト）**です。

常に小売インサイトの変化や課題を捉え、それをアレンジしていく力を養うことができれば、これから来る、小売環境の大きな変化に対応できる本当に優秀な営業マンになれるでしょう。

＊31　ＪＢＰ／＊20（3章）参照

＊32　ライン使い／「化粧水と保湿剤」など、同じブランドやシリーズ内で複数のアイテムを揃えて使うこと

第8章

最適な組織と人材のあり方

——ブランドとショッパーをつなぐ唯一の架け橋に

ブランド傘下で「企画」機能に特化させるのが理想

トレードマーケティングの役割を果たす部署には「トレードマーケティング部」「営業企画部」「営業戦略部」など様々な呼称が存在します。では、これまで紹介してきた役割を最大限機能させるためには、これらの組織がどのようであるべきか、簡単に述べておきましょう。ポイントを挙げるならば、次の4点です。

- 【組織】機能別組織[＊33]ではなく、事業別組織[＊34]
- 【役割】ブランド軸の「企画」に専門化
- 【ミッション】KGIは売上、KPIは4C領域
- 【ヒト】経験値ではなく、洞察力と仮説構築力

これまで見てきたように、トレードマーケティングはバイヤーのインサイトを捉え、それを戦略やアイデアに落とし込むことを求められるため、営業部署での経験や小売についての知見は必須です。ただし組織としては**機能別組織である「営業部署」の指示系統に組み込まれるのではなく、事**

業別組織としてブランドの中に置かれるべきだと考えています。実践的には、営業部署を経験した社員を、ブランド担当として企画部門に送り込むという形が望ましいでしょう。

ブランドの売上はメンタル・アベイラビリティとフィジカル・アベイラビリティから成り立っており、それぞれ、ブランドマーケティングとトレードマーケティングがその最大化の責務を担っています。そのため、生産性を最大化するための最適な投資の意思決定は、双方の課題把握のもと、ブランド全体最適のために行われなければなりません。もし営業部署の指示系統に組み込まれたままだと、本来的にそのブランドはメンタル・アベイラビリティに大きな課題が存在していたとしても、営業部署内でトレードマーケティング領域の個別最適化が図られ、より小さい店頭課題に対して投資をするという誤った判断を下してしまうでしょう。

ブランドを成長させるための最適な投資の意思決定は、メンタル・アベイラビリティとフィジカル・アベイラビリティの両方を常に俯瞰でき、すべての領域においてどこに注力すべきかを判断できる人間によってなされなければなりません。そのため機能別組織の指示系統に組み込まれるのではなく、事業別組織として「ブランドチーム」の中に置かれることで、よりトレードマーケティングの役割が機能するのです。

加えて、**トレードマーケティング部の役割は、ブランド軸の「企画」に専門化されるべき**です。ブランドマーケティングにおいては、消費者のマーケティング領域の定義が明確化されているため、例えば企画は「ブランドマーケティング部」、商品開発は「市場調査部」や「研究開発部」、広告宣伝は「宣伝部」など、ひとつのマーケティングを様々な役割で分割し、部署を構成しています。一方でトレードマーケティングは、ブランドマーケティングと異なり領域の定義が非常にあいまいなため、営業活動に関わる非常に広範囲の業務をカバーすることが求められます。そのため、特に小売企業にまつわる依頼事項などはどうしても優先順位を上げざるを得ず、結果的に、営業サポート業務に追われ続け、本質的な「企画」に時間を割けなくなるのです。

フィジカル・アベイラビリティの最大化はブランドの成長に不可欠であり、この企画の優先順位を、外部要因によって変化させられてしまうような環境や役割付与は、ブランドの売上拡大にとって非常に大きな障壁となってしまいます。そのため、トレードマーケティング部門がフィジカル・アベイラビリティの最大化に注力できる環境づくりとして、ブランド軸の「企画」に役割を専門化すべきなのです。

なお、近年のリテールメディアの活性化などにより、メーカーによっては営業部署のサポートとしてトレードマーケティングが「小売単位」での「個別最適のマーケティング企画策定」を担うこともあるようですが、本来**トレードマーケティングが司るべき役割や、その効果の最大化を期待するのであればこれを主たる業務とすべきではなく、「カスタマーマーケティング部」などを組織し、その役割を担わせるべき**でしょう。

バイヤーインサイトに迫る仮説構築力を磨こう

続いてミッションや評価については、KGIを売上、KPIを4C領域と明確化することが、トレードマーケティングを正しく機能させるためには非常に重要です。これまで見てきたように、フィジカル・アベイラビリティ最大化のためには、4C領域の向上が必要です。「売上」だけを唯一の目標として設定しているメーカーも多いようですが、それだと第6章で述べたように、どうしても「売上拡大のためのプラン」を志向してしまい、結果としてトレードマーケティングが本質的な4C領域の課題解決ではなく、対症療法的なプラン構築に注力するようになります。

フィジカル・アベイラビリティの最大化を担っているトレードマーケティングであるからこそ、常に4C領域の改善を志向させることができるよう、KPIとして明確にそれを設計し、また毎月のビジネストラッキングプロセスにおいて、そのKPIをタイムリーに評価できるよう仕組み化すべきなのです。

最後に、トレードマーケティング部に必要な人材についても触れておきます。繰り返し触れてきましたが、トレードマーケティングの実践は、**過去の成功体験を焼き増す「経験則プランニング」ではなく「インサイトベースプランニング」です。**そのため、「経験値」や「過去の実績」だけを重視した登用は、間違いなく失敗します。

まず「知見・経験」については、一般的な小売企業の本部担当を一通り経験していれば十分でしょう。小売企業内の組織と役割、商流、意思決定プロセス、販売手法など、「バイヤーインサイトが形作られる背景」を網羅的に理解していれば問題ありません。逆に、「難易度の高いバイヤーの攻略法」「主要小売企業や各チャネルの深い理解」「過去の成功例や実績」などは必須ではありません。ベテランと呼ばれるまでの営業マンにはこれらの知見・経験はマスト要件かもしれませんが、バイヤーインサイトを軸に企画を構築していくうえでは、個別最適化の方法や手法は、活用余地が少ないためです。

一番重視しなければならないのが、「ケイパビリティ（能力）」です。特に**「洞察力」や「仮説構築力」が求められます。**洞察力とは「物事の本質を見抜く力」であり、何かのファクトが発生した際に、「なぜそうなったのか」を本質的に理解できる能力です。トレードマーケティングはバイヤーインサイトを深く理解し活用していくマーケティング領域だからこそ、常に物事の本質であるインサイトに触れる意識や意欲があり、それを抽出できる力があることは、トレードマーケティングの適性の中でも重要な要素です。

そして一次情報から仮説をつくり出す能力である「仮説構築力」は、その本質を見抜くのを大いに助けます。「なぜそうなったのか」の根本原因となるバイヤーインサイトは、定量的にも定性的にも可視化されるものではないため、周辺にある様々な一次情報から「これが原因ではないか」の仮説を立てるところから始めなければなりません。この仮説構築力が高いと、物事の本質になり得る候補を複数挙げられるため、より早く、精緻に本質にたどり着くことができるでしょう。これら「洞察力」「仮説構築力」が相対的に高い人材は、まさにトレードマーケティング人材としての適性があるといえます。

良い商品をショッパーに届けることが社会的価値

トレードマーケティングとは、「小売・ショッパーのニーズやインサイトを言語化、定量化し、それに基づく、4C領域（配荷・価格・棚割り・店頭販促）における戦略・アイデアによって、フィジカル・アベイラビリティを最大化すること」と第1章で述べ、ここまで実践のプロセスを紹介してきました。具体的な実践として、バイヤーが抱えているカテゴリー課題に対し、「自社ブランドが持つ価値を発揮することでその課題を解決する」ための戦略・アイデアを提供するという点で、バイヤーにとっても非常に価値のあるマーケティング領域です。

それでは、ショッパーにとってトレードマーケティングとは何なのでしょうか。それは、**「ブランドとショッパーをつなぐ架け橋」**です。DtoCブランドなど直接消費者に販売しているブランドではなく、オフライン店舗での販売が主体のブランドであれば、「唯一の架け橋」とも表現できるでしょう。

今後もマーケティング環境の大きな変化によってますます小売環境の競争激化が予想され、「良い商品をつくっただけでは、ショッパーに届かない」状況は、より強くなっていくことでしょう。その中でトレードマーケティングの最大の貢献は、「良い商品をショッパーに届けられる」ことであることは間違いありません。

世の中には、本当に良い商品でありながら、トレードマーケティングが正しく実践されず、「そのブランドの価値を伝えられない」「そのブランドの価値を発揮できない」ことで、小売企業に取り扱ってもらえないブランドが非常に多く存在しています。これは、メーカー側からみると「売上ロス」ですが、ショッパーにとっても非常に大きな損失です。本来はもっと自分のニーズに合った良い商品があるのに、その商品に気づけない・買えないためです。トレードマーケティングがブランドとショッパーの架け橋となることで、**「本当に良い商品が、それを欲しいと思うショッパーにちゃんと届く」状況をつくり出すことができる**のは、ショッパーにとっても非常に尊い価値だといえるでしょう。

トレードマーケティングは、メーカー・小売・ショッパー三者にとって、Ｗｉｎ－ｗｉｎ－ｗｉｎとなる状況をつくり出せるマーケティングなのです。**優秀なトレードマーケターによってトレードマーケティングの価値を最大化することが、強いブランドをつくり、バイヤーの課題を解決し、ショッパーに良い商品を届けることにつながるのです。**

トレードマーケティングは実践例もまだまだ少ないため、学問体系として成り立っている領域ではありません。しかしながら昨今のマーケティング環境変化を見ても非常に価値のあるマーケティング領域であり、今後このトレードマーケティングの発展が、日本の小売市場の発展に寄与していくことを願ってやみません。

＊33　機能別組織／生産、営業、人事、経理など、業務内容を職能別に編成した組織形態のこと。専門性を高めることで生産性の向上を図る

＊34　事業別組織／本社部門の配下に事業内容ごとに独立して編成された組織（事業部）を構成する組織形態のこと。事業部に様々な意思決定の権限を移譲する

おわりに

トレードマーケティングは、
小売ビジネスを進化させ、日本を活性化させる

体系化されたフレームワーク構築を目指す

私はこれまで、メーカーで6年間、コンサルティング会社を創業して5年間、合計でトレードマーケティングに11年間従事してきました。その11年間、常に「トレードマーケティング」が持つパワーに驚かされ、そして魅了され続けてきました。本書でも繰り返し触れている通り、**カテゴリー課題の解決を「本気で」目指すことが、担当ブランドの店頭展開を最大化しブランドの売上拡大に寄与したり、認知率もまだまだ低いDtoCブランドであっても店舗に配荷されたりする原動力になる**ことを何度も何度も体験したからです。

一方で、私が過去所属していたメーカーにおいて、すべてのトレードマーケターが私と同じように成功体験をしているかというと、そうではありませんでした。特に体系化されたフレームワークもなく、結局は営業活動の延長線上の属人的な業務となっていたからです。だからこそ、このトレードマーケティングの力や魅力を、できる限り多くの人に体感してもらいたいという思いから、今回、

体系化・言語化のため執筆を始めました。

日本には「トレードマーケティング」について書かれた書籍が、本書執筆時点で1冊もありません。そのため言語化にあたっては自分が過去やってきて上手くいったこと、いかなかったことを整理するところから始めました。そこから出てきたコンセプトが、**過去の成功体験の焼き増しをしていく「経験則プランニング」と、過去にとらわれずバイヤーのインサイトである「売りたいか」「売れるのか」に基づく「インサイトベースプランニング」です。**

「バイヤーインサイト」という言葉は一般的なものではなく、私が勝手に提唱している造語です。ただ、このバイヤーインサイトを活用することで、トレードマーケティング自体を、非常に体系的に説明できました。そしてこのコンセプトによって、過去なんとなくできていた自分自身の成功体験が、常に「バイヤーインサイト」に裏付けられていたということに初めて気づいたのです。

小売業のさらなる成長に貢献したい

トレードマーケティングの役割は、「バイヤーを上手く言いくるめて、配荷やアウト展開を増やす」ことでは決してありません。第8章で見たように、バイヤーのカテゴリー課題の解決に寄与し、またショッパーの買い物体験を改善することで、結果として自社ブランドの育成、および、カテゴリー自体の拡大を実現するものです。つまり、トレードマーケティングは、日本の小売業界を活性化できる可能性を持っているということです。

日本の小売ビジネスは年間150兆円ほどであり、GDPの30%を占めています。これほどまでに大きな市場でありながら、多くの営業活動では、これまでのリベートや値引き依存の商談など、過去の慣習で成り立っており、このままではきっと大きな成長は見込めないでしょう。だからこそ、**トレードマーケターが新たな視点で実直にカテゴリー育成を目指すことで、小売業界の大きな成長軌道をつくれる**のではないかと、強く信じているのです。

私の根底にあるのは、「トレードマーケティングを日本のビジネスパーソンが備えるべき当たり前の素養やスキルとして確立させたい」という志です。素晴らしい領域でありながら、まだまだ体系化されておらず、またブランドマーケティングのように学問領域としての認知もされていません。初めての上梓であり、まだまだ体系化・言語化の課題も多いですが、今回の刊行が、多くの人にとって、トレードマーケティングに興味を持つきっかけ、そして深く理解するきっかけになれば幸いです。

志を同じくするトレードマーケターの方、ぜひ一緒にこの領域を発展させていきましょう。そしてトレードマーケティングが、日本の小売ビジネスの起爆剤になれる日を、我々の手でつくっていきましょう。

〈著者紹介〉
井本 悠樹（いもと・ゆうき）
P&Gジャパン、ジョンソン・エンド・ジョンソンで、トレードマーケターとして20を超える新製品開発や流通戦略策定に携わり、複数ブランドでNo.1シェアを獲得。4度の年間アワード受賞などの実績を残した。2019年4月フェズに参画し、リテールメディアを活用した統合プランニングの責任者を務める。また、自身でもコンサルティング会社のキャプロを創業し、大手メーカーやDtoCブランドの流通戦略策定を支援するほか、講演や寄稿などを通じてトレードマーケティング領域の啓発に努めている。

トレードマーケティング
売場で勝つための4つの実践

発行日　2024年2月26日　初版第一刷発行

著　者　井本悠樹
発行者　東 彦弥
発行所　株式会社宣伝会議
〒107-8550 東京都港区南青山3-11-13
TEL.03-3475-3010
https://www.sendenkaigi.com/

アートディレクション　加藤愛子（オフィスキントン）
印刷・製本　モリモト印刷株式会社

ISBN978-4-88335-589-1

宣伝会議 の書籍

進化するイマドキ家族のニーズをつかむ
共働き・共育て家族マーケティング
ジェイアール東日本企画 イマドキファミリー研究所 著

社会全体が大きな変貌を遂げ、従来の昭和型の家族イメージではもはや新しい家族を捉えられなくなっている。豊富な調査データから「30代子育て家族」のインサイトを読み解き、プランニングのヒントを提案する。子育て家族の本当の「いま」が見えてくる。

■本体1900円＋税 ISBN 978-4-88335-592-1

門外不出のプロの技に学ぶ
映像と企画のひきだし
黒須美彦 著

サントリーやPlayStationなど話題のCMに数多く携わってきたクリエイティブディレクター・黒須美彦が、これまでの経験で培った映像制作のテクニックや、企画の発想方法などを公開する。映像コンテンツをつくる人にとって教科書となる一冊。

■本体2300円＋税 ISBN 978-4-88335-573-0

なまえデザイン
そのネーミングでビジネスが動き出す
小藥 元 著

競合他社に埋もれない「商品名」、人を巻き込みたい「プロジェクト名」、覚えやすく愛される「サービス名」、社員のモチベーションをあげる「部署名」…それ、なんて名づけたらいい？数々の商品・サービス・施設名を手がける人気コピーライターが、価値を一言で伝えるネーミングの秘訣とその思考プロセスを初公開。

■本体2000円＋税 ISBN 978-4-88335-570-9

手書きの戦略論
「人を動かす」7つのコミュニケーション戦略
磯部光毅 著

コミュニケーション戦略を「人を動かす人間工学」と捉え、併存するコミュニケーション戦略・手法を7つに整理。その歴史変遷と考え方を〝手書き図〟でわかりやすく解説。各論の専門書に入る前に、体系的にマーケティング・コミュニケーションを学ぶことができる。

■本体1850円＋税 ISBN 978-4-88335-354-5

宣伝会議 の書籍

パーパス・ブランディング
「何をやるか？」ではなく、「なぜやるか？」から考える
齊藤三希子 著

近年、広告界を中心に注目されている「パーパス」。これまで海外事例で紹介されることが多かったパーパスを、著者はその経験と知見からあらゆる日本企業が取り組めるように本書をまとめた。「パーパス・ブランディング」の入門書となる1冊。

■本体1800円＋税 ISBN 978-4-88335-520-4

The Art of Marketing マーケティングの技法
音部大輔 著

メーカーやサービスなど、様々な業種・業態で使われているマーケティング活動の全体設計図「パーセプションフロー・モデル」の仕組みと使い方を解説。消費者の認識変化に着目し、マーケティングの全体最適を実現するための「技法」を説く。ダウンロード特典あり。

■本体2400円＋税 ISBN 978-4-88335-525-9

なぜ「戦略」で差がつくのか。
戦略思考でマーケティングは強くなる
音部大輔 著

意味や解釈が曖昧なまま多用されがちな「戦略」という言葉を定義づけ、実践的な思考の道具として使えるようまとめた一冊。P&G、ユニリーバ、資生堂などでマーケティング部門を指揮・育成してきた著者が、ビジネスの現場で戦略を使いこなす方法について指南する。

■本体1800円＋税 ISBN 978-4-88335-398-9

実務家ブランド論
片山義丈 著

ブランドをつくる現実的な方法を、長年にわたって企業のブランディングを担当してきた実務家ならではの視点でまとめ上げた一冊。企業や商品が持っている価値を正しく伝えるために本当に必要なことは。ビジネスの現場で実践するためのポイントを徹底解説する。

■本体1800円＋税 ISBN 978-4-88335-527-3